Weihnachts-bäckerei

Unwiderstehliche Rezeptideen
für Plätzchen, Lebkuchen, Stollen & Co

Weihnachts-bäckerei

Autorin: Christa Schmedes
Rezeptfotos: Fotos mitgeschmack

Inhalt

Meister-stückchen

Süße Schätze

Was kann die Vorfreude auf Weihnachten mehr anregen, als der verlockende Duft frisch gebackener Plätzchen? Am besten schmecken sie hausgemacht und ganz frisch aus dem Backrohr. Wie von Muttern – oder vielleicht sogar noch ein bisschen besser. Die Klassiker auf den folgenden Seiten unterscheiden sich auf den ersten Blick nicht von anderen Plätzchen. Aber wer eines dieser Meisterstückchen probiert, kann den Unterschied genießen, denn das schlicht veredelte Gebäck betört durch besondere Raffinesse.

Krokantplätzchen

Ergibt ca. 40 Stück

125 g Butter
75 g brauner Zucker
1 Ei, 1 Eigelb
200 g Mehl
100 g Nuss-Krokant (Fertigprodukt)
Puderzucker zum Bestäuben
Mehl zum Arbeiten
Backpapier fürs Blech

Bestes Aroma: 2–3 Wochen

1. Die Butter schmelzen und abkühlen lassen. Butter, Zucker, Ei und Eigelb schaumig schlagen. Mit Mehl und Krokant rasch zu einem glatten Teig verkneten. Den Backofen vorheizen. Die Backbleche mit Backpapier belegen.

2. Den Teig auf bemehlter Arbeitsfläche 1 cm dick ausrollen. Kreise (ca. 4 cm Ø) ausstechen und mit einem Holzstäbchen ein kleines Loch in die Mitte stechen. Die Plätzchen mit etwas Abstand aufs Blech legen. Im Ofen bei 175° (Mitte, Umluft 160°) 12–15 Min. backen. Mit dem Papier vom Blech ziehen und abkühlen lassen. Mit Puderzucker bestäuben.

Zubereitung: 30 Min.	
Backzeit: 15 Min.	Pro Stück ca.: 60 kcal

Schokobällchen

Ergibt ca. 45 Stück

50 g Edelbitterschokolade (70 % Kakao)
250 g Mehl, 100 g gemahlene Mandeln
100 g Puderzucker, 2 EL Kakao
1/2 TL gemahlene Muskatnuss
175 g kalte Butter, 2 EL Sahne
3 EL Zucker, 1 Päckchen Vanillezucker
Backpapier fürs Blech

Bestes Aroma: 2 Wochen

1. Die Schokolade fein reiben. Mehl, Mandeln, Puderzucker, 1 EL Kakao, Muskatnuss und Schokolade mischen. Mit der Butter in Flöckchen und der Sahne rasch zu einem glatten Teig verkneten. Daraus 2 Rollen formen, in Frischhaltefolie wickeln und 30 Min. kühl stellen.

2. Den Backofen vorheizen. Die Backbleche mit Backpapier belegen. Jede Rolle in ca. 22 Scheiben schneiden. Daraus walnussgroße Bällchen formen und aufs Blech legen. Im Ofen bei 175° (Mitte, Umluft 160°) 15–18 Min. backen. Zucker, Vanillezucker und 1 EL Kakao mischen. Die Schokobällchen noch warm darin wälzen und auf einem Kuchengitter auskühlen lassen.

Zubereitung: 30 Min.	Kühlzeit: 30 Min.
Backzeit: 18 Min.	Pro Stück ca.: 85 kcal

Wespenstiche

Ergibt ca. 40 Stück
100 g Zartbitterschokolade
100 g gehackte Mandeln
100 g Mandelstifte
3 Eiweiße, 1 Prise Salz
200 g feiner Zucker
Backpapier fürs Blech

Bestes Aroma: 2 Wochen

1. Die Schokolade fein reiben und kühl stellen. Gehackte Mandeln und Mandelstifte in einer Pfanne ohne Fett goldgelb rösten. Den Backofen vorheizen. Die Backbleche mit Backpapier belegen.

2. Eiweiße, Salz und Zucker im Wasserbad dickschaumig aufschlagen. Die gerösteten Mandeln und die Schokolade locker unterheben. Mit 2 Teelöffeln kleine Teighäufchen aufs Blech setzen. Im Ofen bei 140° (Mitte, Umluft 120°) ca. 25 Min. backen. Den Ofen ausschalten und die Plätzchen bei leicht geöffneter Backofentür noch 1 Std. trocknen lassen.

Zubereitung: 25 Min.	
Backzeit: 25 Min. + 1 Std.	Pro Stück ca.: 65 kcal

Baiserringe

Ergibt ca. 30 Stück
3 Eiweiße, 1 Prise Salz
150 g Zucker
1 Tropfen rote Lebensmittelfarbe
1 Tropfen grüne Lebensmittelfarbe
bunte Zuckerperlen (wer mag)
Backpapier fürs Blech

Bestes Aroma: 4–6 Wochen

1. Eiweiße, Salz und Zucker in einer Edelstahlschüssel über dem heißen Wasserbad so lange schlagen, bis die Eiweißmasse fest und glänzend ist. Die Masse in 3 Portionen teilen. 1 Portion mit roter, 1 Portion mit grüner Lebensmittelfarbe färben.

2. Den Backofen vorheizen. Die Backbleche mit Backpapier belegen. Die Baisermassen jeweils separat in einen Spritzbeutel mit gezackter Lochtülle füllen und kleine Ringe oder Tupfen aufs Blech spritzen. Mit bunten Zuckerperlen – wer mag – verzieren. Im Ofen bei 100° (Mitte, Umluft 80°) ca. 2 Std. bei leicht geöffneter Backofentür trocknen lassen. Die Baisers warm und trocken aufbewahren.

Zubereitung: 20 Min.	
Backzeit: 2 Std.	Pro Stück ca.: 20 kcal

Nuss-Kuss

Ergibt ca. 30 Stück
150 g weiche Butter
125 g Puderzucker
1 TL Vanillezucker
1 Eigelb
100 g geschälte gemahlene Mandeln
175 g Mehl
Puderzucker zum Bestäuben
Backpapier fürs Blech

Bestes Aroma: 3 Wochen

1. Die Butter mit Puderzucker, Vanillezucker und Eigelb schaumig schlagen. Mit Mandeln und Mehl nach und nach zu einem glatten Teig verkneten. In Frischhaltefolie wickeln und 30 Min. kühl stellen.

2. Den Backofen vorheizen. Die Backbleche mit Backpapier belegen. Aus dem Teig walnussgroße Kugeln formen und aufs Blech setzen. Im Ofen bei 150° (Mitte, Umluft 130°) in 35 Min. hellgelb backen. Mit dem Papier vom Blech ziehen und abkühlen lassen. Dick mit Puderzucker bestäuben.

Variante

Nussbällchen
150 g weiche Butter mit 2 EL Honig, 2 EL Puderzucker, 1/4 TL Salz schaumig schlagen. 250 g Mehl und 100 g gemahlene Pecannüsse unterheben. Den Teig in Frischhaltefolie wickeln und 1 Std. kühl stellen. Den Backofen vorheizen. Walnussgroße Bällchen formen und auf ein mit Backpapier belegtes Blech setzen. Im Ofen bei 175° (Mitte, Umluft 160°) 12–15 Min. backen. Nach dem Abkühlen dick mit Puderzucker bestäuben.

Zubereitung: 20 Min.	Kühlzeit: 30 Min.
Backzeit: 35 Min.	Pro Stück ca.: 95 kcal

Walnussplätzchen

Ergibt ca. 40 Stück
150 g gemahlene Walnüsse
200 g weiche Butter
100 g Puderzucker
2 Eigelbe
1 Prise Muskatblüte (Macis)
1 Prise Zimt
150 g Mehl
Für die Verzierung:
2 EL Nuss-Nougat-Creme
100 g Zartbitterkuvertüre
1 TL Öl
50 g kandierte Walnusshälften (Fertigprodukt)
Mehl zum Arbeiten
Backpapier fürs Blech

Bestes Aroma: 3 Wochen

1. Die Walnüsse in einer Pfanne ohne Fett goldgelb rösten. Butter, Puderzucker, Eigelbe und Gewürze schaumig schlagen. Mit dem Mehl und den abgekühlten Walnüssen rasch zu einem glatten Teig verkneten. In Frischhaltefolie wickeln und 30 Min. kühl stellen.

2. Den Backofen vorheizen. Die Backbleche mit Backpapier belegen. Den Teig auf bemehlter Arbeitsfläche 4 mm dick ausrollen. Kreise (ca. 3 cm Ø) ausstechen und aufs Blech legen. Im Ofen bei 175° (Mitte, Umluft 160°) 10 Min. backen. Mit dem Papier vom Blech ziehen und abkühlen lassen.

3. Die Hälfte der Plätzchen dünn mit Nuss-Nougat-Creme bestreichen und mit den unbestrichenen Plätzchen zusammensetzen. Die Kuvertüre mit Öl im Wasserbad schmelzen lassen und die Plätzchen damit überziehen. Die Walnusshälften halbieren oder vierteln und auf die Plätzchen setzen.

Zubereitung: 1 Std.	Kühlzeit: 30 Min.
Backzeit: 10 Min.	Pro Stück ca.: 110 kcal

Ergibt ca. 55 Stück
150 g Edelbitterschokolade (70 % Kakao)
150 g weiche Butter
200 g Puderzucker
200 g gemahlene Mandeln
50 g Speisestärke
1 TL Kakao
Für die Füllung:
100 g Sahne
1 Prise gemahlener Kardamom
1 Prise Zimt
100 g Vollmilchschokolade
50 g Edelbitterschokolade
Für die Verzierung:
100 g Vollmilchkuvertüre
1 TL Öl
Backpapier fürs Blech

Bestes Aroma: 3 Wochen

Feine Schokoladenstangen

1. Die Schokolade im Wasserbad schmelzen lassen. Butter und Puderzucker schaumig schlagen und die flüssige Schokolade unterrühren. Die Mandeln mit Speisestärke und Kakao mischen und rasch unterkneten. Den Teig in Frischhaltefolie wickeln und 2 Std. kühl stellen.

2. Für die Füllung die Sahne mit Kardamom und Zimt erhitzen. Die Schokolade in Stücke brechen und unter Rühren darin auflösen. Die Schokosahne bei Zimmertemperatur abkühlen lassen.

3. Den Backofen vorheizen. Die Backbleche mit Backpapier belegen. Den Teig zwischen Frischhaltefolie 4–5 mm dick ausrollen. Mit einem scharfen Messer in Stangen (ca. 2 x 6 cm) schneiden und aufs Blech legen. Im Ofen bei 150° (Mitte, Umluft 130°) ca. 15 Min. backen. Mit dem Papier vom Blech ziehen und abkühlen lassen.

4. Die Schokosahne durchrühren. Die Hälfte der Stangen an der Unterseite großzügig damit bestreichen und mit den unbestrichenen Stangen zusammensetzen.

5. Für die Verzierung die Kuvertüre mit Öl im Wasserbad schmelzen lassen. Die Stangen diagonal hineintauchen und auf einem Kuchengitter trocknen lassen.

Variante

Weiße Schokostäbchen
Den Teig wie beschrieben zubereiten und 2 Std. kühl stellen. Zwischen Frischhaltefolie 5 mm dick ausrollen. Aus der Teigplatte Stäbchen (ca. 1 x 5 cm) schneiden und auf ein mit Backpapier belegtes Blech setzen. Im Ofen bei 150° (Mitte, Umluft 130°) ca. 15 Min. backen.
100 g weiße Kuvertüre mit 10 g Kokosfett oder 1 TL Öl unter Rühren im Wasserbad schmelzen lassen. Die abgekühlten Schokostäbchen damit überziehen. 30 g Vollmilchkuvertüre im Wasserbad schmelzen und in einen Gefrierbeutel füllen. Ein kleines Loch einstechen und die Schokostäbchen mit der Kuvertüre verzieren.

Zubereitung: 1 Std. 15 Min.	Kühlzeit: 2 Std.
Backzeit: 15 Min.	Pro Stück ca.: 105 kcal

Sterntaler

Ergibt ca. 40 Stück
250 g Mehl
150 g Puderzucker
150 g kalte Butter
1 Eigelb
1 TL Rum (wer mag)
Für die Verzierung:
100 g Marzipanrohmasse
50 g Puderzucker
1 TL Zitronensaft
100 g Vollmilchkuvertüre
1 TL Öl
Mehl zum Arbeiten
Backpapier fürs Blech

Bestes Aroma: 2–3 Wochen

1. Das Mehl in eine Schüssel sieben. Mit Puderzucker, Butter in Flöckchen, Eigelb und Rum – wer mag – rasch zu einem glatten Teig verkneten. In Frischhaltefolie wickeln und 30 Min. kühl stellen.

2. Den Backofen vorheizen. Die Backbleche mit Backpapier belegen. Den Teig auf bemehlter Arbeitsfläche 3–4 mm dick ausrollen. Kreise (ca. 4 cm Ø) ausstechen und aufs Blech legen. Im Ofen bei 175° (Mitte, Umluft 160°) in 12 Min. goldgelb backen. Mit dem Papier vom Blech ziehen und abkühlen lassen.

3. Für die Verzierung das Marzipan mit Puderzucker und Zitronensaft verkneten. Zwischen Frischhaltefolie 3 mm dick ausrollen und kleine Sterne ausstechen. Die Kuvertüre in Stücke brechen und mit Öl im Wasserbad schmelzen lassen. Die Plätzchen damit überziehen und mit den Marzipansternen belegen.

Deko-Tipp

Verzieren Sie die Sterntaler wahlweise mit einem großen Marzipanstern oder mit mehreren kleinen Sternchen.

Zubereitung: 55 Min.	Kühlzeit: 30 Min.
Backzeit: 12 Min.	Pro Stück ca.: 95 kcal

Safrankränzchen

Ergibt ca. 40 Stück
200 g weiche Butter
100 g Zucker
1 Päckchen Vanillezucker
1 Ei
1 Döschen gemahlener Safran
300 g Mehl
Für die Verzierung:
50 g weiche Butter
150 g Puderzucker
1–2 TL Zitronensaft
Mehl zum Arbeiten
Backpapier fürs Blech

Bestes Aroma: 2 Wochen

1. Die Butter mit Zucker, Vanillezucker, Ei und Safran schaumig schlagen. Mit dem Mehl rasch zu einem glatten Teig verkneten. In Frischhaltefolie wickeln und 30 Min. kühl stellen.

2. Den Backofen vorheizen. Die Backbleche mit Backpapier belegen. Den Teig auf bemehlter Arbeitsfläche 3–4 mm dick ausrollen. Mit einer gewellten Ausstechform Ringe (ca. 5 cm Ø) ausstechen und aufs Blech legen. Im Ofen bei 175° (Mitte, Umluft 160°) in 8–10 Min. goldgelb backen. Mit dem Papier vom Blech ziehen und abkühlen lassen.

3. Für die Verzierung Butter, Puderzucker und Zitronensaft schaumig schlagen. In einen Spritzbeutel mit feiner Lochtülle füllen und wellenartig auf die Kränzchen spritzen.

Deko-Tipps

Verzieren Sie die Kränzchen mit Kügelchen aus rot gefärbtem Marzipan oder mit Zuckerperlen.
Sie können auch fein gemahlene Pistazien unter die Glasur rühren oder die Plätzchen mit Pistazien bestreuen.

Zubereitung: 55 Min.	Kühlzeit: 30 Min.
Backzeit: 10 Min.	Pro Stück ca.: 100 kcal

Ergibt ca. 50 Stück
3 Eiweiße
1 Prise Salz
300 g Zucker
450 g gemahlene Mandeln
1 TL Zimt
1 Prise gemahlene Nelken
1 EL Johannisbeergelee (ersatzweise Quittengelee)
Backpapier fürs Blech

Bestes Aroma: 4 Wochen

Tipps

Was wäre die Weihnachtszeit ohne Zimtsterne mit ihrem unvergleichlichen Mandel-Zimt-Aroma. Damit sie perfekt gelingen, nehmen Sie sich genügend Zeit für die Zubereitung: Es ist ganz wichtig, dass die Eiweißglasur exakt aufgetragen wird.
Der Teig kann vor dem Backen problemlos 1–2 Tage ruhen: Dafür in Frischhaltefolie wickeln und kühl stellen.

Zimtsterne

1. Die Eiweiße mit Salz steif schlagen. Den Zucker unter Rühren einrieseln lassen und weiterschlagen, bis die Masse glänzt.

2. 5 EL Eiweißmasse für die Glasur beiseite stellen. Mandeln, Gewürze und Johannisbeergelee mischen. Unter die Eiweißmasse ziehen und einen gut formbaren Teig herstellen.

3. Den Backofen vorheizen. Die Backbleche mit Backpapier belegen. Den Teig zwischen Frischhaltefolie 5 mm dick ausrollen. Sterne in verschiedenen Größen ausstechen und aufs Blech legen. Die Eiweißglasur mit einem kleinen, spitzen Messer exakt darauf verteilen.

4. Die Sterne bei 150° (unten, Umluft 130°) ca. 15 Min. backen. Die Oberfläche darf nicht bräunen. Mit dem Papier vom Blech ziehen und abkühlen lassen.

Schnelle Variante

Den Teig ausrollen. Die Eiweißmasse gleichmäßig auftragen und den Teig erst danach in Rauten schneiden. Wie im Grundrezept beschrieben backen.

Variante

Zimt-Marzipan-Monde
200 g gemahlene Mandeln, 100 g gemahlene Haselnüsse, 200 g Zucker und 2 TL Zimt mischen. 125 g Marzipanrohmasse fein darüber reiben. 1 TL abgeriebene Orangenschale und 4 Eiweiße zufügen und untermischen. Den Teig abgedeckt 12 Std. in den Kühlschrank stellen.
Den Backofen vorheizen. Die Backbleche mit Backpapier belegen. Den Teig zwischen Frischhaltefolie 5 mm dick ausrollen. Monde ausstechen und aufs Blech legen. 3 Eiweiße mit 180 g Zucker im Wasserbad schlagen, bis die Masse fest und glänzend ist. Die Eiweißmasse gleichmäßig auf die Monde auftragen. Bei 150° (unten, Umluft 130°) 15–20 Min. backen.
Tipp: Spritzen Sie die Eiweißmasse mit einem Spritzbeutel mit gezackter Tülle auf die Monde. Besonders lecker schmeckt es, wenn Sie die Eiweißmasse mit 1 TL Orangenlikör und 1 Prise Zimt aromatisieren.

Zubereitung: 1 Std. 30 Min.	
Backzeit: 15 Min.	Pro Stück ca.: 80 kcal

Ergibt ca. 35 Stück
2 Eiweiße
1 Prise Salz
150 g Zucker
150 g Kokosflocken
1 TL abgeriebene Orangenschale
1 EL Kokossirup (wer mag)
Für die Verzierung:
100 g Zartbitterkuvertüre
Backpapier fürs Blech

Bestes Aroma: 3–4 Wochen

Kokosmakronen

1. Den Backofen vorheizen. Die Backbleche mit Backpapier belegen. Die Eiweiße mit Salz steif schlagen. 75 g Zucker unter Rühren einrieseln lassen und weiterschlagen, bis die Masse glänzt. Kokosflocken, Orangenschale, 75 g Zucker und Kokossirup – wer mag – mischen und vorsichtig unterziehen.

2. Mit 2 Teelöffeln kleine Teighäufchen aufs Blech setzen. Im Ofen bei 140° (Mitte, Umluft 120°) 25 Min. backen. Den Ofen ausschalten und die Makronen bei leicht geöffneter Backofentür noch 30 Min. trocknen lassen. Mit dem Papier vom Blech ziehen und abkühlen lassen.

3. Für die Verzierung die Kuvertüre in Stücke schneiden und im Wasserbad schmelzen lassen. Die Arbeitsfläche mit Backpapier belegen. Die Makronen mit der Unterseite in die Kuvertüre tauchen, mit der Schokoladenseite auf das Backpapier setzen und trocknen lassen.

Variante

Schokomakronen
2 Eiweiße mit 1 Prise Salz und 100 g Zucker steif schlagen. 100 g geriebene Zartbitterschokolade vorsichtig unter die Eiweißmasse heben. Mit 2 Teelöffeln kleine Teighäufchen aufs Blech setzen und wie beschrieben backen.

Varianten

Dattelmakronen
250 g getrocknete Datteln in feine Streifen schneiden. 100 g Mandelstifte in einer Pfanne ohne Fett hellbraun rösten und abkühlen lassen. Den Backofen vorheizen. Das Backblech mit Backpapier belegen.
2 Eiweiße mit 1 Prise Salz steif schlagen. 200 g Puderzucker und 1 Prise Zimt unter Rühren einrieseln lassen. Die Dattelstreifen und gerösteten Mandelstifte vorsichtig unterheben.
Mit 2 Teelöffeln kleine Teighäufchen aufs Blech setzen. Im Ofen bei 140° (Mitte, Umluft 120°) ca. 25 Min. backen. Den Ofen ausschalten und die Makronen bei leicht geöffneter Backofentür noch 30 Min. trocknen lassen.

Haselnussmakronen
2 Eiweiße mit 1 Prise Salz und 100 g Zucker steif schlagen. 200 g gemahlene Haselnüsse mit 1 TL Zimt und 1 TL Instant-Espressopulver mischen und vorsichtig unter die Eiweißmasse heben. Mit 2 Teelöffeln kleine Teighäufchen aufs Blech setzen und mit 1 Haselnusskern – wer mag – belegen. Wie beschrieben backen.

Zubereitung: 30 Min.	
Backzeit: 25 Min.+ 30 Min.	Pro Stück ca.: 60 kcal

Ergibt ca. 40 Stück
100 g blütenzarte Haferflocken
2 EL Puderzucker
150 g weiche Butter
75 g Zucker
2 Päckchen Vanillezucker
1 Ei
220 g Mehl
100 g dunkle Schokoladenglasur (Fertigprodukt)
Mehl zum Arbeiten
Backpapier fürs Blech

Bestes Aroma: 3 Wochen

Knusperstöckchen

1. Die Haferflocken mit dem Puderzucker mischen und in einer Pfanne ohne Fett goldgelb rösten. Abkühlen lassen.

2. Die Butter mit Zucker und Vanillezucker schaumig schlagen. Das Ei und die gerösteten Haferflocken unterrühren. Mit dem Mehl rasch zu einem glatten Teig verkneten. Den Teig in 2 Portionen teilen und auf bemehlter Arbeitsfläche zu Rollen formen. In Frischhaltefolie wickeln und 2 Std. kühl stellen.

3. Den Backofen vorheizen. Die Backbleche mit Backpapier belegen. Jede Teigrolle in 20 Stücke schneiden. Daraus auf bemehlter Arbeitsfläche ca. 8 cm lange Rollen formen. Ein Ende halbrund biegen und die Stöckchen aufs Blech legen. Im Ofen bei 175° (Mitte, Umluft 160°) 10 Min. backen.

4. Die Schokoladenglasur nach Packungsangaben erwärmen. Die gebogenen Enden hineintauchen und die Plätzchen auf einem Kuchengitter trocknen lassen.

Zubereitung: 1 Std.	Kühlzeit: 2 Std.
Backzeit: 10 Min.	Pro Stück ca.: 80 kcal

Ergibt ca. 45 Stück
100 g weiche Butter
50 g Puderzucker
1 Ei
200 g Mehl
Für den Belag:
4 getrocknete Aprikosen
30 g Butter
2 EL Honig (ersatzweise Ahornsirup)
50 g Sahne
100 g blütenzarte Haferflocken
50 g getrocknete Cranberrys
Puderzucker zum Bestäuben
Mehl zum Arbeiten
Backpapier fürs Blech

Bestes Aroma: 2 Wochen

Cranberry-Kekse

1. Die Butter mit Puderzucker und Ei schaumig schlagen. Mit dem Mehl rasch zu einem glatten Teig verkneten. In Frischhaltefolie wickeln und 30 Min. kühl stellen.

2. Für den Belag die Aprikosen fein würfeln. Die Butter mit Honig und Sahne unter Rühren aufkochen. Die Aprikosenwürfel und Haferflocken zufügen. Kurz aufkochen lassen und die Cranberrys unterheben. Die Masse leicht abkühlen lassen.

3. Den Backofen vorheizen. Die Backbleche mit Backpapier belegen. Den Teig auf bemehlter Arbeitsfläche 3–4 mm dick ausrollen. Kreise (ca. 4 cm Ø) ausstechen und aufs Blech legen. Die Haferflockenmasse in kleinen Häufchen darauf verteilen. Im Ofen bei 175° (Mitte, Umluft 160°) 10–15 Min. backen. Auf dem Blech abkühlen lassen. Mit Puderzucker bestäuben.

Zubereitung: 45 Min.	Kühlzeit: 30 Min.
Backzeit: 15 Min.	Pro Stück ca.: 60 kcal

Ergibt ca. 60 Stück
250 g Mehl
100 g Zucker
1 TL abgeriebene Zitronenschale
125 g kalte Butter
2 Eigelbe
Für die Verzierung:
2 Eigelbe
1 EL Milch
bunter Streuzucker (wer mag)
Hagelzucker (wer mag)
Mehl zum Arbeiten
Backpapier fürs Blech

Bestes Aroma: 4 Wochen

Tipps

Mit Kindern backen. Kinder freuen sich riesig, wenn sie Plätzchen ausstechen und fantasievoll verzieren dürfen. Rollen Sie den Teig portionsweise auf bemehlter Arbeitsfläche aus und überlassen Sie dann den Kindern die Regie. **Servieren Sie dazu einen Kinderpunsch:** 1 l Johannisbeersaft mit 500 ml Orangensaft, 1 Zimtstange, 1 Nelke und 1 EL Früchteteemischung in einem Topf erhitzen. Ca. 10 Min. köcheln lassen, durch ein Sieb abgießen und warm servieren.

Feine Butterplätzchen

1. Das Mehl in eine Schüssel sieben. Zucker, Zitronenschale und Butter in Flöckchen untermischen. Mit den Eigelben rasch zu einem glatten Teig verkneten. In Frischhaltefolie wickeln und 2 Std. kühl stellen.

2. Den Backofen vorheizen. Die Backbleche mit Backpapier belegen. Den Teig auf bemehlter Arbeitsfläche 3–4 mm dick ausrollen. Mit verschiedenen Ausstechformen Plätzchen ausstechen und aufs Blech legen.

3. Für die Verzierung die Eigelbe mit Milch verquirlen und die Plätzchen damit bestreichen. Mit Streu- oder Hagelzucker – wer mag – verzieren.

4. Die Plätzchen im Ofen bei 175° (Mitte, Umluft 160°) in 10–12 Min. goldbraun backen. Mit dem Papier vom Blech ziehen und abkühlen lassen.

Variante

Den Teig wie beschrieben zubereiten, verschiedene Plätzchen ausstechen, bestreichen, aber nicht mit Hagelzucker verzieren, und wie beschrieben backen. 200 g Puderzucker mit 2–3 EL Zitronensaft verrühren. In 3 Portionen teilen und je eine Portion mit 1 Tropfen roter bzw. grüner bzw. gelber Speisefarbe zart einfärben. Die Plätzchen mit der bunten Glasur bestreichen und nach Belieben verzieren.

Tipp

Statt mit Eigelb können Sie die Plätzchen auch mit verquirltem Eiweiß bestreichen.

Zubereitung: 40 Min.	Kühlzeit: 2 Std.
Backzeit: 12 Min.	Pro Stück ca.: 40 kcal

Bärentatzen

Ergibt ca. 50 Stück
50 g Zartbitterschokolade
2 EL Sahne
2 Prisen gemahlene Muskatnuss
200 g weiche Butter
100 g Puderzucker
150 g gemahlene Mandeln
300 g Mehl
100 g dunkle Schokoladenglasur (Fertigprodukt)
Fett für die Förmchen

Bestes Aroma: 4 Wochen

1. Die Schokolade in Stücke brechen. Mit Sahne und Muskatnuss bei geringer Hitze unter Rühren schmelzen lassen.

2. Die Butter mit Puderzucker und der Schokosahne schaumig schlagen. Mit Mandeln und Mehl rasch zu einem glatten Teig verkneten. In Frischhaltefolie wickeln und 30 Min. kühl stellen.

3. Den Backofen vorheizen. Die Bärentatzen-Förmchen fetten. Aus dem Teig kleine Kugeln formen und in den Förmchen flach drücken. Im Ofen bei 200° (Mitte, Umluft 175°) ca. 15 Min. backen. Aus den Förmchen lösen und auf einem Kuchengitter abkühlen lassen.

4. Die Schokoladenglasur nach Packungsangaben erwärmen. Die Tatzen hineintauchen und gut trocknen lassen.

Tipp

Wenn Sie keine Bärentatzen-Förmchen zur Hand haben, können Sie den Teig in einen Spritzbeutel mit großer gezackter Lochtülle füllen und kleine Tatzen auf ein mit Backpapier belegtes Blech spritzen.

Zubereitung: 45 Min.	Kühlzeit: 30 Min.
Backzeit: 15 Min.	Pro Stück ca.: 90 kcal

Butterbrote

Ergibt ca. 70 Stück
125 g Zartbitterschokolade
80 g weiche Butter
140 g Zucker
1 Ei
100 g Mehl
220 g gemahlene Haselnüsse
Für die Verzierung:
2 Eigelbe
1 TL Zitronensaft
125 g Puderzucker
20 g gehackte Pistazien
Mehl zum Arbeiten
Backpapier fürs Blech

Bestes Aroma: 4 Wochen

1. Die Schokolade fein reiben. Die Butter mit Zucker und Ei schaumig schlagen. Mehl, Haselnüsse und die Schokolade unterkneten. Den Teig in 2 Portionen teilen und auf bemehlter Arbeitsfläche zu ovalen Rollen (ca. 3 cm Ø) formen. In Frischhaltefolie wickeln und 12 Std. kühl stellen.

2. Den Backofen vorheizen. Die Backbleche mit Backpapier belegen. Jede Rolle in 35 ca. 1 cm dicke Scheiben schneiden und diese aufs Blech legen. Im Ofen bei 175° (Mitte, Umluft 160°) 10 Min. backen. Mit dem Papier vom Blech ziehen und abkühlen lassen.

3. Für die Verzierung Eigelbe, Zitronensaft und Puderzucker schaumig schlagen. Die Brotscheiben damit bestreichen, mit Pistazien bestreuen und 12 Std. trocknen lassen.

Tipp

Schneller trocknen die glasierten Butterbrote im 50° heißen Backofen. Bei leicht geöffneter Ofentür sind sie schon nach ca. 1 Std. trocken.

Zubereitung: 50 Min.	Kühlzeit: 12 Std.
Backzeit: 10 Min.	Pro Stück ca.: 65 kcal

Heidesand

Ergibt ca. 60 Stück
250 g Butter
300 g feiner Zucker
1 Päckchen Vanillezucker
2 EL Sahne
1 Prise Salz
375 g Mehl
Mehl zum Arbeiten
Backpapier fürs Blech

Bestes Aroma: 4–5 Wochen

Tipp

Wenn die Heidesand perfekt gelingen, zergehen auf der Zunge. Deswegen verwenden Sie für das zarte Heidesandgebäck nur beste Butter, und halten Sie sich unbedingt an die Rezeptangabe, den Teig mindestens 12 Std. kühl zu stellen.

1. Die Butter schmelzen, dabei leicht bräunen. In eine Rührschüssel gießen und abkühlen lassen.

2. Die flüssige Butter mit 200 g Zucker und Vanillezucker schaumig schlagen. Mit Sahne, Salz und Mehl rasch zu einem glatten Teig verkneten.

3. Den Teig in 4 Portionen teilen und auf bemehlter Arbeitsfläche zu Rollen (ca. 2 cm Ø) formen. Die Rollen etwas flach drücken, in 100 g Zucker wenden und 12 Std. kühl stellen.

4. Den Backofen vorheizen. Die Backbleche mit Backpapier belegen. Jede Rolle in 15 ca. 5 mm dicke Scheiben schneiden und aufs Blech legen. Im Ofen bei 200° (Mitte, Umluft 175°) in 10–12 Min. goldgelb backen. Mit dem Papier vom Blech ziehen und abkühlen lassen.

Tipp

Heidesandplätzchen schmecken rund ums Jahr. Bereiten Sie einfach die doppelte Menge Teig zu. Formen Sie ihn zu Rollen und frieren Sie die Hälfte davon einzeln ein. Nach dem Auftauen wie beschrieben in Scheiben schneiden und backen.

Varianten

Den Teig wie beschrieben zubereiten und in 2 Portionen teilen. Eine Portion teilen und 2 Rollen (ca. 2 cm Ø) formen. Unter die andere Portion 3 EL fein geriebene Zartbitterschokolade kneten. Diesen Teig ebenfalls teilen und auf bemehlter Arbeitsfläche jeweils dünn ausrollen. Je 1 helle Teigrolle mit dunklem Teig umwickeln, in Frischhaltefolie wickeln und 12 Std. kühl stellen. Jede Rolle in ca. 5 mm dicke Scheiben schneiden und wie beschrieben backen.

Sassnitzer Rolle
200 g Butter mit 100 g Puderzucker und 1 EL Zitronensaft schaumig schlagen. 300 g Mehl rasch unterkneten. Den Teig in 4 Portionen teilen und auf bemehlter Arbeitsfläche zu Rollen (ca. 3 cm Ø) formen. 2 Eigelbe verquirlen. Die Rollen dick damit bestreichen und in Hagelzucker wenden. 12 Std. kühl stellen.
Den Backofen vorheizen. Die Backbleche mit Backpapier belegen. Die Rollen in ca. 1 cm dicke Scheiben schneiden und mit etwas Abstand aufs Blech legen. Im Ofen bei 175° (Mitte, Umuft 160°) 12–15 Min. backen.

Zubereitung: 45 Min.	Kühlzeit: 12 Std.
Backzeit: 12 Min.	Pro Stück ca.: 75 kcal

Bethmännchen

Ergibt ca. 40 Stück
250 g Marzipanrohmasse
75 g Puderzucker
1 Eiweiß
30 g Mehl
50 g geschälte gemahlene Mandeln
125 g geschälte Mandeln
Für die Verzierung:
3 EL Zucker
3 EL Rosenwasser (Apotheke)
Backpapier fürs Blech

Bestes Aroma: 2–3 Wochen

1. Das Marzipan mit Puderzucker, Eiweiß, Mehl und den gemahlenen Mandeln zu einem glatten Teig verkneten. Die Mandeln längs halbieren.

2. Den Backofen vorheizen. Die Backbleche mit Backpapier belegen. Aus dem Teig kirschgroße Kugeln formen. Jeweils 3 Mandelhälften senkrecht andrücken und die kleinen Pyramiden aufs Blech setzen. Im Ofen bei 160° (Mitte, Umluft 140°) 15–20 Min. backen. Mit dem Papier vom Blech ziehen.

3. Für die Verzierung Zucker und Rosenwasser sprudelnd aufkochen. Die heißen Bethmännchen damit bestreichen und auf einem Kuchengitter trocknen lassen.

Variante

Die Bethmännchen wie beschrieben zubereiten und kirschgroße Kugeln formen. 1 Eigelb mit 1 EL Wasser verquirlen. Die Kugeln damit bestreichen und die Mandeln andrücken. Im Ofen bei 160° (Mitte, Umluft 140°) ca. 15 Min. backen.

Zubereitung: 45 Min.	
Backzeit: 20 Min.	Pro Stück ca.: 70 kcal

Schoko-Marzipan-Kometen

Ergibt ca. 40 Stück
100 g Zartbitterschokolade
100 g Butter
150 g Puderzucker
1 Ei
200 g gemahlene Haselnüsse
100 g Mehl
Für die Verzierung:
200 g Marzipanrohmasse
100 g Puderzucker
1 Tropfen Bittermandelöl
1 Tropfen rote Lebensmittelfarbe
100 g Johannisbeergelee
feiner Zucker zum Bestreuen
Backpapier fürs Blech

Bestes Aroma: 3 Wochen

1. Die Schokolade in Stücke brechen und im Wasserbad schmelzen lassen. Die Butter mit Puderzucker und Ei schaumig schlagen. Haselnüsse und Mehl unterkneten. Den Teig in Frischhaltefolie wickeln und 1 Std. kühl stellen.

2. Den Backofen vorheizen. Die Backbleche mit Backpapier belegen. Den Teig zwischen Frischhaltefolie 3–4 mm dick ausrollen. Kometen ausstechen und aufs Blech legen. Im Ofen bei 175° (Mitte, Umluft 160°) 8–10 Min. backen. Mit dem Papier vom Blech ziehen und abkühlen lassen.

3. Für die Verzierung Marzipan, Puderzucker und Bittermandelöl verkneten. Mit Lebensmittelfarbe rosa färben und zwischen zwei Lagen Frischhaltefolie 3–4 mm dick ausrollen. Kometen ausstechen. Johannisbeergelee erwärmen. Die Plätzchen damit bestreichen und mit den Marzipankometen belegen. 2–3 Std. trocknen lassen, mit Zucker bestreuen.

Deko-Tipp

Dieses Gebäck können Sie auch in Sternform zubereiten. Färben Sie die Marzipanmasse dann zartgelb.

Zubereitung: 50 Min.	Kühlzeit: 1 Std.
Backzeit: 10 Min.	Pro Stück ca.: 125 kcal

Ergibt ca. 40 Stück
200 g weiche Butter
100 g Puderzucker
1 Päckchen Vanillezucker
2 Eigelbe
100 g geschälte gemahlene Mandeln
200 g Mehl
Für die Verzierung:
Puderzucker zum Bestäuben
100 g Himbeergelee (ersatzweise Johannisbeergelee)
1 TL Himbeergeist (ersatzweise 1 TL Zitronensaft)
Mehl zum Arbeiten
Backpapier fürs Blech

Bestes Aroma: 3 Wochen

Spitzbuben

1. Die Butter mit Puderzucker, Vanillezucker und Eigelben schaumig schlagen. Mit Mandeln und Mehl rasch zu einem glatten Teig verkneten. In Frischhaltefolie wickeln und mindestens 1 Std. kühl stellen.

2. Den Backofen vorheizen. Die Backbleche mit Backpapier belegen. Den Teig auf bemehlter Arbeitsfläche ca. 3 mm dick ausrollen und Kreise (3–4 cm Ø) ausstechen. Bei der Hälfte der Kreise kleine Herzen, Sterne oder Ringe ausstechen. Aufs Blech legen.

3. Die Plätzchen im Ofen bei 175° (Mitte, Umluft 160°) in 8–10 Min. hellgelb backen. Mit dem Papier vom Blech ziehen und abkühlen lassen.

4. Die Plätzchen mit ausgestochenem Motiv mit Puderzucker bestäuben. Himbeergelee und Himbeergeist verrühren, die ganzen Kreise damit bestreichen. Jeweils mit einem mit Puderzucker bestäubten Plätzchen zusammensetzen.

Tipp

Schichten Sie die Spitzbuben lagenweise zwischen Butterbrotpapier in gut verschließbare Dosen und lagern Sie diese kühl und trocken. Backen Sie auch die ausgestochenen Mini-Motive: Mit einer Puderzuckerglasur versehen peppen diese jeden Plätzchenteller auf.

Variante

Himbeerschnitten
Den Teig wie beschrieben zubereiten. Den Backofen vorheizen. Das Backblech mit Backpapier belegen. Den Teig auf bemehlter Arbeitsfläche 3 mm dick ausrollen und aufs Blech legen. Mit einem Teigrädchen in Rechtecke (ca. 4 x 2 cm) schneiden. Im Ofen bei 175° (Mitte, Umluft 160°) in 8–10 Min. hellgelb backen. Die Schnitten vom Blech nehmen und abkühlen lassen.
Je 2 Schnitten mit Himbeergelee zusammensetzen. Mit Puderzucker bestäuben.

Zubereitung: 1 Std.	Kühlzeit: 1 Std.
Backzeit: 10 Min.	Pro Stück ca.: 90 kcal

Ergibt ca. 60 Stück
2 Vanilleschoten
280 g Mehl
100 g geschälte gemahlene Mandeln
70 g Zucker
210 g kalte Butter
100 g Puderzucker zum Bestäuben
Mehl zum Arbeiten
Backpapier fürs Blech

Bestes Aroma: 3 Wochen

Tipp

Statt die Kipferl mit Puderzucker zu bestäuben können Sie sie auch in mit Vanillezucker gewürztem Zucker wenden.

Vanillekipferl

1. Die Vanilleschoten längs halbieren und das Mark herausschaben. Das Mehl mit Mandeln, Zucker, Butter in Flöckchen und dem Vanillemark auf der Arbeitsfläche rasch zu einem glatten Teig verkneten.

2. Den Teig in 4 Portionen teilen und auf bemehlter Arbeitsfläche zu Rollen (2–3 cm Ø) formen. In Frischhaltefolie wickeln und 12 Std. kühl stellen.

3. Den Backofen vorheizen. Die Backbleche mit Backpapier belegen. Die Rollen in 15 ca.1 cm dicke Scheiben schneiden. Daraus Kipferl formen und aufs Blech legen.

4. Im Ofen bei 160° (Mitte, Umluft 140°) ca. 12 Min. backen. Mit dem Papier vom Blech ziehen und noch warm dick mit Puderzucker bestäuben. Abkühlen lassen.

Varianten

Schokoladenkipferl
280 g Mehl mit 50 g gemahlenen Mandeln, 100 g geriebener Zartbitterschokolade, 70 g Zucker und 210 g kalter Butter in Flöckchen rasch zu einem glatten Teig verkneten. Den Teig in 4 Portionen teilen und zu Rollen (2–3 cm Ø) formen. In Frischhaltefolie wickeln und 12 Std. kühl stellen. Den Backofen vorheizen. Die Backbleche mit Backpapier belegen. Die Rollen in ca. 1 cm dicke Scheiben schneiden, daraus Kipferl formen und aufs Blech legen. Im Ofen bei 160° (Mitte, Umluft 140°) ca. 12 Min. backen. Mit dem Papier vom Blech ziehen und abkühlen lassen.
100 g Schokoladenglasur (Fertigprodukt) nach Packungsangaben schmelzen lassen. Die Enden der Kipferl hineintauchen und auf einem Kuchengitter trocknen lassen.

Haselnusskipferl
250 g Mehl mit 100 g gemahlenen Haselnüssen, 1 Päckchen Vanillezucker, 70 g Zucker und 210 g kalter Butter in Flöckchen rasch zu einem glatten Teig verkneten. Den Teig in 4 Portionen teilen und weiterverarbeiten, wie bei den Schokoladenkipferl beschrieben. Nach dem Backen mit dem Papier vom Blech ziehen und noch warm dick mit Puderzucker bestäuben.

Zubereitung: 1 Std. 15 Min.	Kühlzeit: 12 Std.
Backzeit: 12 Min.	Pro Stück ca.: 65 kcal

Liebesgrübchen

Ergibt ca. 50 Stück
150 g weiche Butter
65 g Zucker
1 Päckchen Vanillezucker
3 Eigelbe
160 g Mehl
1 EL Milch
Für die Verzierung:
75 g Himbeerkonfitüre
75 g Aprikosenkonfitüre
Backpapier fürs Blech

Bestes Aroma: 4 Wochen

1. Die Butter mit Zucker und Vanillezucker schaumig schlagen. 2 Eigelbe jeweils einzeln unterrühren. Mit dem Mehl rasch zu einem glatten Teig verkneten. In Frischhaltefolie wickeln und 30 Min. kühl stellen.

2. Den Backofen vorheizen. Die Backbleche mit Backpapier belegen. Aus dem Teig kleine Kugeln formen und mit dem Kochlöffelstiel Grübchen hineindrücken. 1 Eigelb mit Milch verquirlen und die Kugeln damit bestreichen. Mit etwas Abstand aufs Blech setzen und im Ofen bei 140° (Mitte, Umluft 120°) in 40 Min. goldgelb backen. Mit dem Papier vom Blech ziehen.

3. Für die Verzierung die Konfitüren getrennt durch ein Sieb streichen. Die Hälfte der Liebesgrübchen mit Himbeerkonfitüre, die andere Hälfte mit Aprikosenkonfitüre füllen. Abkühlen lassen.

Zubereitung: 45 Min.	Kühlzeit: 30 Min.
Backzeit: 40 Min.	Pro Stück ca.: 50 kcal

Zitronenherzen

Ergibt ca. 40 Stück
1 unbehandelte Zitrone
2 Eigelbe
130 g Zucker
230 g geschälte gemahlene Mandeln
Für die Verzierung:
2 EL Zitronengelee
150 g Puderzucker
1–2 EL Zitronensaft
bunte Zuckerperlen
Backpapier fürs Blech

Bestes Aroma: 2–3 Wochen

1. Die Zitrone heiß waschen und abtrocknen. 1 TL Schale dünn abreiben, den Saft auspressen. Die Eigelbe mit Zucker und Zitronensaft dickschaumig schlagen. Mit Mandeln und Zitronenschale rasch zu einem glatten Teig verkneten.

2. Den Backofen vorheizen. Die Backbleche mit Backpapier belegen. Den Teig zwischen Frischhaltefolie 4–5 mm dick ausrollen. Herzen ausstechen und aufs Blech legen. Im Ofen bei 175° (Mitte, Umluft 160°) ca. 12 Min. backen. Mit dem Papier vom Blech ziehen.

3. Für die Verzierung das Zitronengelee glatt rühren und die heißen Plätzchen damit bestreichen. Den Puderzucker mit Zitronensaft verrühren und die Herzen damit glasieren. Mit Zuckerperlen bestreuen.

Zubereitung: 45 Min.	
Backzeit: 12 Min.	Pro Stück ca.: 70 kcal

Sterntürmchen

Ergibt ca. 35 Stück
200 g weiche Butter
150 g Puderzucker
1 Ei
1 EL Sahne
400 g Mehl
Für die Füllung:
150 g Nougat (Fertigprodukt)
2 EL Sahne
1 Prise Zimt
1 Prise gemahlene Nelken
1 Prise gemahlener Kardamom
100 g Puderzucker zum Bestäuben
Mehl zum Arbeiten
Backpapier fürs Blech

Bestes Aroma: 3–4 Wochen

1. Die Butter mit Puderzucker schaumig schlagen. Ei und Sahne unterrühren. Mit dem Mehl rasch zu einem glatten Teig verkneten. In Frischhaltefolie wickeln und 30 Min. kühl stellen.

2. Den Backofen vorheizen. Die Backbleche mit Backpapier belegen. Den Teig auf bemehlter Arbeitsfläche 3 mm dick ausrollen. Sterne in drei verschiedenen Größen ausstechen und aufs Blech legen. Im Ofen bei 175° (Mitte, Umluft 160°) ca. 10 Min. backen. Mit dem Papier vom Blech ziehen und abkühlen lassen.

3. Für die Füllung den Nougat klein würfeln. Mit Sahne und Gewürzen im Wasserbad unter Rühren schmelzen lassen. Die Nougatcreme gleichmäßig auf die großen und mittleren Sterne streichen. Je 3 Sterne unterschiedlicher Größe aufeinander setzen. Die Sterntürmchen mit Puderzucker bestäuben.

Zubereitung: 1 Std. 15 Min.	Kühlzeit: 30 Min.
Backzeit: 10 Min.	Pro Stück ca.: 135 kcal

Mokkaherzen

Ergibt ca. 45 Stück
200 g weiche Butter
150 g Puderzucker
1 TL Instant-Kaffeepulver
1 Ei
1 EL Sahne
1 Prise Muskatblüte (Macis)
200 g Mehl
100 g gemahlene Mandeln
Für die Verzierung:
100 g Mokkaschokolade
3 EL Sahne
1 TL Instant-Kaffepulver
Mehl zum Arbeiten
Backpapier fürs Blech

Bestes Aroma: 2–3 Wochen

1. Die Butter mit Puderzucker und Kaffeepulver schaumig schlagen. Ei, Sahne und Muskatblüte unterrühren. Mehl und Mandeln mischen. Mit der Eimasse rasch zu einem glatten Teig verkneten. In Frischhaltefolie wickeln und 30 Min. kühl stellen.

2. Den Backofen vorheizen. Die Backbleche mit Backpapier belegen. Den Teig auf bemehlter Arbeitsfläche 4–5 mm dick ausrollen. Herzen ausstechen und aufs Blech legen. Im Ofen bei 175° (Mitte, Umluft 160°) ca. 12 Min. backen. Mit dem Papier vom Blech ziehen und abkühlen lassen.

3. Für die Verzierung die Mokkaschokolade in Stücke brechen. Mit Sahne und Kaffeepulver bei geringer Hitze unter Rühren schmelzen lassen. Die Oberseite der Herzen in die Glasur tauchen und auf einem Kuchengitter trocknen lassen.

Deko-Tipp

Tauchen Sie nur eine Hälfte der Herzen in dunkle Kuvertüre und verzieren Sie sie mit weißen Schokoherzen (Fertigprodukt).

Zubereitung: 30 Min.	Kühlzeit: 30 Min.
Backzeit: 12 Min.	Pro Stück ca.: 90 kcal

Ergibt ca. 70 Stück
300 g Mehl
100 g Puderzucker
1 Päckchen Vanillezucker
4 Tropfen Vanille-Backaroma
150 g kalte Butter
1 Eigelb
1–2 EL Sahne
Für die Verzierung:
150 g Puderzucker
2 Tropfen Vanille-Backaroma
1 EL Rum (ersatzweise Wasser)
Mehl zum Arbeiten
Backpapier fürs Blech

Bestes Aroma: 4–5 Wochen

Tipp

Sie können auch mit einer Brezel-Ausstechform arbeiten. Dafür den Teig zubereiten und abgedeckt 2 Std. kühl stellen. Danach auf bemehlter Arbeitsfläche 3 mm dick ausrollen, Brezeln ausstechen und bei 175° (Mitte, Umluft 160°) 8–10 Min. backen.

Vanillebrezeln

1. Das Mehl in eine Schüssel sieben. Puderzucker, Vanillezucker, Backaroma und Butter in Flöckchen untermischen. Mit Eigelb und Sahne rasch zu einem glatten Teig verkneten. Den Teig in 2 Portionen teilen und zu Rollen (ca. 3 cm Ø) formen. In Frischhaltefolie wickeln und 2 Std. kühl stellen.

2. Den Backofen vorheizen. Die Backbleche mit Backpapier belegen. Die Rollen auf bemehlter Arbeitsfläche in 5 mm dicke Scheiben schneiden. Daraus ca. 15 cm lange Rollen formen, zu Brezeln schlingen und aufs Blech legen.

3. Im Ofen bei 175° (Mitte, Umluft 160°) in ca. 12 Min. hellgelb backen. Mit dem Papier vom Blech ziehen und abkühlen lassen.

4. Für die Verzierung den Puderzucker mit Backaroma, Rum und 2–3 EL heißem Wasser zu einem dickflüssigen Guss verrühren. Die Brezeln damit bestreichen und trocknen lassen.

Varianten

Punschbrezeln
Besonders lecker schmecken die Brezeln, wenn Sie statt Vanillezucker und Vanille-Backaroma das Mark von 2 Vanilleschoten unter den Puderzucker mischen.
Den Teig wie beschrieben zubereiten, Brezeln ausstechen und backen. Für die Glasur 150 g Puderzucker mit 2 EL heißem Wasser und 2 EL Rotwein verrühren. Die abgekühlten Brezeln damit überziehen und mit Hagelzucker bestreuen.

Schokoladenbrezeln
300 g Mehl mit 1 EL Kakao in eine Schüssel sieben. Mit 100 g Puderzucker, 1 Päckchen Vanillezucker, 150 g Butter in Flöckchen und 2–3 EL Sahne zu einem glatten Teig verkneten. Den Teig in 2 Portionen teilen und zu Rollen (ca. 3 cm Ø) formen. In Frischhaltefolie wickeln und 2 Std. kühl stellen.
Die Rollen in 5 mm dicke Scheiben schneiden. Daraus ca. 15 cm lange Rollen formen, zu Brezeln schlingen und aufs Blech legen. Die Brezeln wie beschrieben backen.
150 g Schokoladenglasur (Fertigprodukt) nach Packungsangaben erwarmen. Die Brezeln in die Schokolade tauchen und auf ein Kuchengitter legen. Mit Hagelzucker oder Nusskrokant bestreuen und trocknen lassen.

Zubereitung: 1 Std. 30 Min.	Kühlzeit: 2 Std.
Backzeit: 12 Min.	Pro Stück ca.: 45 kcal

Brabanter

Ergibt ca. 50 Stück
220 g Mehl
1 Prise Salz
1/2 TL Backpulver
100 g geschälte gemahlene Mandeln
100 g Puderzucker
1 Päckchen Vanillezucker
1 TL abgeriebene Zitronenschale
175 g kalte Butter
1 Ei
Für die Füllung:
150 g Himbeergelee
1 TL Himbeergeist (wer mag)
Für die Verzierung:
300 g Puderzucker
2 EL lauwarme Milch
1 EL Himbeersirup
1 Tropfen rote Lebensmittelfarbe
1 TL Zitronensaft
Mehl zum Arbeiten
Backpapier fürs Blech

Bestes Aroma: 3 Wochen

Deko-Tipp

Dekorieren Sie die Wellenlinien zusätzlich noch mit 2–3 bunten Liebesperlen.

1. Das Mehl mit Salz, Backpulver, Mandeln, Puderzucker, Vanillezucker und Zitronenschale mischen. Mit der Butter in Flöckchen und dem Ei rasch zu einem glatten Teig verkneten. In Frischhaltefolie wickeln und 30 Min. kühl stellen.

2. Den Backofen vorheizen. Die Backbleche mit Backpapier belegen. Den Teig auf bemehlter Arbeitsfläche 3 mm dick ausrollen. Runde Plätzchen (5 cm Ø) ausstechen und aufs Blech legen. Im Ofen bei 175° (Mitte, Umluft 160°) 10–12 Min. backen. Mit dem Papier vom Blech ziehen und abkühlen lassen.

3. Für die Füllung Himbeergelee und Himbeergeist – wer mag – verrühren. Die Unterseite der Plätzchen damit bestreichen und jeweils 2 Plätzchen zusammensetzen.

4. Für die Verzierung 250 g Puderzucker mit Milch und Himbeersirup verrühren. Mit Lebensmittelfarbe rosa färben und die Plätzchen damit überziehen. 50 g Puderzucker mit dem Zitronensaft zu einer dickflüssigen Glasur verrühren und in einen Gefrierbeutel füllen. Ein kleines Loch einstechen und helle Wellenlinien auf die Plätzchen spritzen.

Variante

Für die Füllung 150 g weiße Schokolade in Stücke brechen und mit 3 EL Milch und 2 Prisen gemahlenem Anis unter Rühren schmelzen lassen. Je 2 Plätzchen mit Anisschokolade zusammensetzen.
250 g Puderzucker mit 1 EL Zitronensaft und 3–4 EL lauwarmem Wasser verrühren. Die Plätzchen damit glasieren.
100 g Puderzucker mit 1 EL Zitronensaft und etwas Wasser zu einem dickflüssigen Guss verrühren. In einen Gefrierbeutel füllen und ein kleines Loch einstechen. Die Konturen eines Tannenbaums auf die Plätzchen spritzen.
Aus dem Teig Schneemänner ausstechen und wie im Grundrezept beschrieben backen. Die abgekühlten Schneemänner mit Puderzuckerglasur überziehen und mit Zuckerperlen – wer mag – verzieren.

Zubereitung: 50 Min.	Kühlzeit: 30 Min.
Backzeit: 12 Min.	Pro Stück ca.: 100 kcal

Eisblumen

Ergibt ca. 40 Stück
250 g Mehl
50 g geschälte gemahlene Mandeln
75 g Zucker
1 Päckchen Zitronenzucker (Fertigprodukt)
175 g kalte Butter
1 Ei
Für die Verzierung:
200 g Puderzucker
2 EL Zitronensaft
3 EL lauwarme Milch
Puderzucker zum Bestäuben (wer mag)
Mehl zum Arbeiten
Backpapier fürs Blech

Bestes Aroma: 3–4 Wochen

1. Das Mehl in eine Schüssel sieben. Mit Mandeln, Zucker, Zitronenzucker, Butter in Flöckchen und Ei rasch zu einem glatten Teig verkneten. In Frischhaltefolie wickeln und 30 Min. kühl stellen.

2. Den Backofen vorheizen. Die Backbleche mit Backpapier belegen. Den Teig auf bemehlter Arbeitsfläche 3 mm dick ausrollen. Blumen ausstechen und aufs Blech legen. Im Ofen bei 175° (Mitte, Umluft 160°) ca. 10 Min. backen. Mit dem Papier vom Blech ziehen und abkühlen lassen.

3. Für die Verzierung 100 g Puderzucker, Zitronensaft und 1 EL lauwarmes Wasser verrühren und die Plätzchen damit überziehen. 100 g Puderzucker mit Milch zu einem dickflüssigen Guss verrühren und in einen Gefrierbeutel füllen. Ein kleines Loch einstechen und ein zartes Eisblumenmuster auf die Plätzchen spritzen. Trocknen lassen und leicht mit Puderzucker – wer mag – bestäuben.

Zubereitung: 45 Min.	Kühlzeit: 30 Min.
Backzeit: 10 Min.	Pro Stück ca.: 90 kcal

Anismonde

Ergibt ca. 40 Stück
150 g weiche Butter
100 g Puderzucker
1 Eigelb
1 TL abgeriebene Limettenschale
1/2 TL gemahlener Anis
250 g Mehl
100 g Aprikosenkonfitüre
1 EL Anislikör (ersatzweise 1 EL Limettensaft)
Für die Verzierung:
100 g weiße Schokoladenkuvertüre
1 TL Öl
Mehl zum Arbeiten
Backpapier fürs Blech

Bestes Aroma: 4 Wochen

1. Die Butter mit Puderzucker und Eigelb sehr schaumig schlagen. Mit Limettenschale, Anis und Mehl rasch zu einem glatten Teig verkneten. In Frischhaltefolie wickeln und 30 Min. kühl stellen.

2. Den Backofen vorheizen. Die Backbleche mit Backpapier belegen. Den Teig auf bemehlter Arbeitsfläche 3 mm dick ausrollen. Monde ausstechen und aufs Blech legen. Im Ofen bei 175° (Mitte, Umluft 160°) ca. 10 Min. backen. Mit dem Papier vom Blech ziehen und abkühlen lassen.

3. Die Aprikosenkonfitüre erwärmen, durch ein Sieb streichen und mit Anislikör verrühren. Je 2 Monde mit Konfitüre zusammensetzen.

4. Für die Verzierung die Kuvertüre grob hacken und mit dem Öl im Wasserbad schmelzen lassen. Die Monde damit überziehen.

Zubereitung: 50 Min.	Kühlzeit: 30 Min.
Backzeit: 10 Min.	Pro Stück ca.: 80 kcal

Gefüllte Honigwürfel

Ergibt ca. 70 Stück
150 g Honig
100 g Zucker
50 g Butter
2 Eier
1 EL Rum (wer mag)
250 g Weizenvollkornmehl
1 Päckchen Backpulver
100 g gemahlene Haselnüsse
2 EL Kakao
Für die Füllung:
50 g Orangeat
200 g Aprikosenkonfitüre
1/2 TL gemahlener Ingwer
Für die Verzierung:
100 g Vollmilchkuvertüre
200 g Schokoladenglasur (Fertigprodukt)
Backpapier fürs Blech

Bestes Aroma: 2–3 Wochen

1. Den Honig mit Zucker und Butter unter Rühren schmelzen und abkühlen lassen. Die Eier und den Rum – wer mag – unterrühren. Das Mehl mit Backpulver, Nüssen und Kakao mischen. Nach und nach unter die Honigmasse ziehen.

2. Den Backofen vorheizen. Das Backblech mit Backpapier belegen. Den Teig ca. 1 cm dick aufs Blech streichen. Im Ofen bei 175° (Mitte, Umluft 160°) 15–20 Min. backen. Die Teigplatte noch warm längs halbieren.

3. Das Orangeat sehr fein hacken. Mit Aprikosenkonfitüre und Ingwer verrühren. Eine Teighälfte damit bestreichen und die zweite Teighälfte auflegen. Mit einem scharfen Messer in Würfel (ca. 3 x 3 cm) schneiden.

4. Für die Verzierung die Kuvertüre in Stücke schneiden und mit der Schokoladenglasur im Wasserbad schmelzen lassen. Das Gebäck damit überziehen und auf einem Kuchengitter trocknen lassen.

Variante

Die gebackene Teigplatte halbieren. Eine Hälfte mit Hagebuttenmarmelade bestreichen und die zweite Teighälfte auflegen. In Würfel (ca. 4 x 4 cm) schneiden. 200 g Puderzucker mit 4–6 EL heißem Wasser verrühren. Das Gebäck damit überziehen und trocknen lassen. 2–3 EL Puderzucker mit 1 TL Kakao mischen und mit einer Sternschablone kleine Sterne auf die Würfel sieben.

Dominosteine
Die Teigplatte wie beschrieben backen und teilen. 1 Hälfte mit der Orangeat-Ingwer-Aprikosenkonfitüre bestreichen und die zweite Teighälfte auflegen. Mit einem scharfen Messer in Rechtecke (ca. 3 x 5 cm) schneiden. Die Vollmilchkuvertüre in Stücke schneiden und mit der Schokoladenglasur im Wasserbad schmelzen lassen. Das Gebäck damit überziehen und trocknen lassen. 50 g weiße Kuvertüre erwärmen und mit einem Holzstäbchen Dominopunkte auf die Plätzchen tupfen.

Zubereitung: 1 Std.	
Backzeit: 20 Min.	Pro Stück ca.: 75 kcal

Aus aller Welt

Merry Christmas & Joyeux Noël

Ingwerstangen, Sablés, Florentiner, Lebkuchen-Brownies und viele mehr – beliebt sind Weihnachtskekse auf der ganzen Welt. Lust auf internationale Vielfalt zum Fest der Liebe? Dann zaubern Sie doch einen Hauch Exotik auf Ihre Weihnachtsteller: Russische Weihnachtsschnitten, Karibische Plätzchen oder die New Yorker Sternkekse gelingen ganz leicht und versprechen neue Geschmackserlebnisse.

Weihnachts-Cookies

Ergibt ca. 50 Stück
150 g Zartbitterschokolade
75 g Butter, 2 Eier
150 g brauner Zucker
1 TL Lebkuchengewürz
100 g Mehl, 1/4 TL Backpulver
1 EL Speisestärke
100 g gemahlene Mandeln
100 g Schokotropfen (Fertigprodukt)
Backpapier fürs Blech

Bestes Aroma: 3–4 Wochen

1. Die Schokolade grob hacken und im Wasserbad schmelzen lassen. Die Butter schmelzen. Eier, Zucker und Lebkuchengewürz schaumig schlagen. Die flüssige Schokolade und die Butter unterrühren. Mehl, Backpulver, Speisestärke und Mandeln mischen und mit den Schokotropfen unter den Teig heben.

2. Den Backofen vorheizen. Die Backbleche mit Backpapier belegen. Mit 2 Teelöffeln kleine Teighäufchen aufs Blech setzen. Im Ofen bei 175° (Mitte, Umluft 160°) 12–15 Min. backen. (Die Cookies sollen innen noch weich sein.) Mit dem Papier vom Blech ziehen und abkühlen lassen.

Zubereitung: 30 Min.	
Backzeit: 15 Min.	Pro Stück ca.: 70 kcal

Haferplätzchen

Ergibt ca. 30 Stück
1 Ei, 150 g weiche Butter
3 EL Honig, 1 EL Zitronensaft
150 g Haferflocken
150 g Mehl, 30 g Speisestärke
Puderzucker zum Bestäuben
Mehl zum Arbeiten
Backpapier fürs Blech

Bestes Aroma: 2 Wochen

1. Das Ei trennen, das Eiweiß beiseite stellen. Butter, Honig, Zitronensaft und Eigelb schaumig schlagen. Mit 50 g Haferflocken, Mehl und Speisestärke rasch zu einem glatten Teig verkneten. In 2 Portionen teilen und auf bemehlter Arbeitsfläche zu Rollen (ca. 5 cm Ø) formen.

2. Den Backofen vorheizen. Die Backbleche mit Backpapier belegen. Das Eiweiß verquirlen. Jede Rolle in 15 Scheiben schneiden, daraus Kugeln formen. Die Kugeln zuerst in Eiweiß, dann in den restlichen Haferflocken wälzen und aufs Blech setzen. Im Ofen bei 175° (Mitte, Umluft 160°) 15–20 Min. backen. Noch warm mit Puderzucker bestäuben.

Zubereitung: 20 Min.	
Backzeit: 20 Min.	Pro Stück ca.: 85 kcal

Schweizer Anisbögen (Chräbeli)

Ergibt ca. 45 Stück
2 Eier
250 g Puderzucker
1 EL Kirschwasser (ersatzweise 1 EL Wasser)
2 EL Anissamen
250 g Mehl
Mehl zum Arbeiten
Backpapier fürs Blech

Bestes Aroma: 4 Wochen

1. Die Eier mit Puderzucker und Kirschwasser 5 Min. dickschaumig schlagen. Anissamen und Mehl leicht unterkneten. Die Backbleche mit Backpapier belegen.

2. Den Teig auf bemehlter Arbeitsfläche zu Rollen (ca. 1,5 cm Ø) formen und in 5 cm lange Stücke schneiden. Die Stücke zu Bögen formen und auf einer Seite mehrmals bis zur Hälfte einschneiden. Aufs Blech legen, mit einem Tuch abdecken und 24 Std. trocknen lassen. Den Backofen vorheizen. Die Anisplätzchen bei 150° (unten, Umluft 130°) 20 Min. backen.

Zubereitung: 40 Min.	Ruhezeit: 24 Std.
Backzeit: 20 Min.	Pro Stück ca.: 45 kcal

Kapuzinerl

Ergibt ca. 40 Stück
150 g Puderzucker
200 g gehackte Mandeln
1 Päckchen Vanillezucker
100 g Vollmilchschokolade
200 g Zartbitterschokolade
20 g Kokosfett
Backpapier fürs Blech

Bestes Aroma: 2 Wochen (gut gekühlt)

1. Den Puderzucker in einer Pfanne schmelzen lassen. Die Mandeln darin unter Rühren goldgelb rösten. Den Vanillezucker einstreuen und die Mandelmasse auf Backpapier abkühlen lassen.

2. Die Schokolade grob hacken und mit dem Kokosfett im Wasserbad schmelzen lassen. Die Mandelmasse unterziehen. Die Backbleche mit Backpapier belegen. Mit 2 Teelöffeln kleine Teighäufchen aufs Blech setzen und abkühlen lassen.

Tipp
Sie können die Kapuzinerl auch auf kleine Backoblaten setzen.

Zubereitung: 40 Min.	
	Pro Stück ca.: 90 kcal

Ergibt ca. 60 Stück
200 g weiche Butter
100 g Puderzucker
1 Päckchen Vanillezucker
1 Ei
2 Eigelbe
2 EL Kakao
450 g Mehl
Für die Verzierung:
100 g Zartbitterkuvertüre
1 TL Öl
Zuckerperlen
Backpapier fürs Blech

Bestes Aroma: 1–2 Wochen

Info

Feines aus Frankreich. Das wunderbar zarte Sandgebäck zergeht auf der Zunge.

Sablés

1. Die Butter mit Puderzucker und Vanillezucker schaumig schlagen. Das Ei und die Eigelbe verquirlen und nach und nach unter die Buttermasse rühren. Mit Kakao und Mehl rasch zu einem glatten Teig verkneten. In Frischhaltefolie wickeln und 12 Std. kühl stellen.

2. Den Backofen vorheizen. Die Backbleche mit Backpapier belegen. Den Teig zwischen Frischhaltefolie 4–5 mm dick ausrollen. Stiefelchen ausstechen und aufs Blech legen. Im Ofen bei 175° (Mitte, Umluft 160°) 12 Min. backen. Mit dem Papier vom Blech ziehen und abkühlen lassen.

3. Für die Verzierung die Kuvertüre in Stücke brechen und mit Öl im Wasserbad schmelzen lassen. Die Stiefelchen damit überziehen und mit Zuckerperlen verzieren. An einem kühlen Ort trocknen lassen.

Variante

Sehr fein aromatisiert mit einem Hauch von Zitrone sind die **Sablès arlèsiens:** 150 g weiche Butter mit 75 g Puderzucker und 1 Ei schaumig schlagen. 1 TL abgeriebene Zitronenschale, 175 g Mehl und 50 g gemahlene Mandeln unterkneten. Den Teig 2 Std. kühl stellen. Auf bemehlter Arbeitsfläche 1/2 cm dick ausrollen und mit einem Teigrädchen in 3 cm große Quadrate schneiden. Im Ofen bei 180° (Mitte, Umluft 160°) ca. 10 Min. backen. Erkalten lassen und mit Puderzucker bestäuben.

Tipps

Kneten Sie den zarten Sandteig so wenig wie möglich.
Natürlich können Sie auch andere Figuren ausstechen.
Ebenso fein schmecken die Sablés mit heller Schokoladenglasur.

Variante

Sablés aux amandes (Mandelplätzchen)
200 g weiche Butter mit 50 g Puderzucker, 1 Ei, 1 TL Cognac, 1 TL Vanillezucker und 1 Prise Salz schaumig schlagen. 50 g geschälte gemahlene Mandeln, 50 g Puderzucker und 250 g Mehl mischen. Mit der Eimasse rasch zu einem glatten Teig verkneten. Den Teig in einen Gefrierbeutel geben, etwas flach drücken und 2 Std. kühl stellen.
Den Backofen vorheizen. Die Backbleche mit Backpapier belegen. Den Teig zwischen Frischhaltefolie 5 mm dick ausrollen. Kreise (4–5 cm Ø) ausstechen und aufs Blech legen. 1 Eigelb mit 1 EL Milch verquirlen und die Plätzchen damit bestreichen. In die Mitte jeweils 1 halbe geschälte Mandel setzen.
Im Ofen bei 175° (Mitte, Umluft 160°) in 10–12 Min. hellgelb backen. Mit dem Papier vom Blech ziehen und abkühlen lassen.

Zubereitung: 1 Std. 30 Min.	Kühlzeit: 12 Std.
Backzeit: 12 Min.	Pro Stück ca.: 70 kcal

Mozartkrapfen

Ergibt ca. 40 Stück
200 g Mehl
1 Prise Salz
100 g geschälte gemahlene Mandeln
100 g Puderzucker
1 Ei
100 g kalte Butter
Für Füllung und Verzierung:
100 g weiche Butter
75 g Puderzucker
50 g geschälte gemahlene Mandeln
30 g gemahlene Pistazien
1 EL Rum
Pistazienkerne
Mehl zum Arbeiten
Backpapier fürs Blech

Bestes Aroma: 1–2 Wochen

1. Das Mehl mit Salz und Mandeln auf der Arbeitsfläche mischen. Mit Puderzucker, Ei und Butter in Flöckchen rasch zu einem glatten Teig verkneten. In Frischhaltefolie wickeln und 30 Min. kühl stellen.

2. Für die Füllung die Butter mit Puderzucker schaumig schlagen. Mandeln, Pistazien und Rum unterrühren. Kühl stellen.

3. Den Backofen vorheizen. Die Backbleche mit Backpapier belegen. Den Teig auf bemehlter Arbeitsfläche 3–4 mm dick ausrollen. Kreise (ca. 3 cm Ø) ausstechen und aufs Blech legen. Bei 175° (Mitte, Umluft 160°) in 8–10 Min. hellgelb backen. Mit dem Papier vom Blech ziehen und abkühlen lassen.

4. Je 2 Plätzchen mit etwas Mandelcreme zusammensetzen. Die restliche Creme in einen Spritzbeutel mit Lochtülle füllen und in Tupfen auf die Plätzchen spritzen. Mit Pistazienkernen verzieren.

Zubereitung: 1 Std.	Kühlzeit: 30 Min.
Backzeit: 10 Min.	Pro Stück ca.: 80 kcal

Linzer Plätzchen

Ergibt ca. 30 Stück
150 g Butter
50 g Puderzucker
1 Päckchen Vanillezucker
1 Ei
1 Prise Zimt
1 Prise gemahlene Nelken
1 Prise gemahlener Kardamom
1 TL Kirschwasser
150 g geschälte gemahlene Mandeln
150 g Mehl
150 g Johannisbeergelee
1 TL Kirschwasser (wer mag)
Puderzucker zum Bestäuben
Mehl zum Arbeiten
Backpapier fürs Blech

Bestes Aroma: 3 Wochen

1. Die Butter mit Puderzucker und Vanillezucker schaumig schlagen. Ei, Gewürze und Kirschwasser unterrühren. Mit Mandeln und Mehl rasch zu einem glatten Teig verkneten. In Frischhaltefolie wickeln und mindestens 1 Std. kühl stellen.

2. Den Backofen vorheizen. Die Backbleche mit Backpapier belegen. Den Teig auf bemehlter Arbeitsfläche 3–4 mm dick ausrollen und mit gezackten Ausstechförmchen die gleiche Anzahl Kreise und Ringe (4–5 cm Ø) ausstechen. Aufs Blech legen. Im Ofen bei 150° (Mitte, Umluft 130°) in 8–10 Min. hellgelb backen. Mit dem Papier vom Blech ziehen und abkühlen lassen.

3. Das Johannisbeergelee mit Kirschwasser – wer mag – verrühren und auf die Kreise streichen. Die Ringe dick mit Puderzucker bestäuben und darauf setzen.

Zubereitung: 1 Std.	Kühlzeit: 1 Std.
Backzeit: 10 Min.	Pro Stück ca.: 110 kcal

Pinienseufzer

Ergibt ca. 60 Stück
200 g Pinienkerne
200 g geschälte gemahlene Mandeln
2 EL Speisestärke
200 g Zucker
1 TL abgeriebene Zitronenschale
2 Eiweiße
1 Prise Salz
Backpapier fürs Blech

Bestes Aroma: 2–3 Wochen

1. 100 g Pinienkerne grob hacken. Gehackte Pinienkerne, Mandeln, Speisestärke, Zucker und Zitronenschale mischen. Den Backofen vorheizen. Die Backbleche mit Backpapier belegen.

2. Die Eiweiße mit Salz halbsteif schlagen. Die Pinienkern-Mandel-Mischung unterziehen. Mit einem Teelöffel walnussgroße Teighäufchen mit etwas Abstand aufs Blech setzen. In jedes Häufchen 2–3 Pinienkerne drücken.

3. Im Ofen bei 175° (Mitte, Umluft 160°) ca. 10 Min. backen. Mit dem Papier vom Blech ziehen und abkühlen lassen. Vorsichtig lösen.

Variante

Marzipan-Pinien-Plätzchen
200 g Marzipanrohmasse mit 4 EL Puderzucker, 2 EL Mehl, 1 Eiweiß und 1 TL Orangenlikör verkneten. Kleine Bällchen formen, in Pinienkernen wälzen und diese leicht andrücken. Im Ofen bei 160° (unten, Umluft 140°) in 12–15 Min. hellgelb backen.

◷ Zubereitung: 20 Min.
◷ Backzeit: 10 Min.
Pro Stück ca.: 60 kcal

Neros

Ergibt ca. 40 Stück
200 g weiche Butter
100 g Puderzucker
3 Eigelbe
1 Päckchen Bourbon Vanillezucker
1 EL Orangensaft
1 TL abgeriebene Orangenschale
220 g Mehl
50 g Kakao
1 TL Instant-Espressopulver
100 g Marzipanrohmasse
2 EL Orangenmarmelade
Für die Verzierung:
50 g weiße Kuvertüre
Schokobohnen (Fertigprodukt)
Mehl zum Arbeiten
Backpapier fürs Blech

Bestes Aroma: 3 Wochen

1. Die Butter mit Puderzucker schaumig schlagen. Eigelbe, Vanillezucker, Orangensaft und -schale unterrühren. Mehl, Kakao und Espressopulver mischen. Mit der Eigelbmasse rasch zu einem glatten Teig verkneten. In Frischhaltefolie wickeln und 30 Min. kühl stellen.

2. Den Backofen vorheizen. Die Backbleche mit Backpapier belegen. Den Teig auf bemehlter Arbeitsfläche 3 mm dick ausrollen. Runde oder ovale Plätzchen (ca. 4 cm Ø) ausstechen und aufs Blech legen. Im Ofen bei 175° (Mitte, Umluft 160°) 10 Min. backen. Mit dem Papier vom Blech ziehen und abkühlen lassen.

3. Das Marzipan mit Orangenmarmelade verrühren. Die Hälfte der Plätzchen damit bestreichen und mit den unbestrichenen Plätzchen zusammensetzen.

4. Für die Verzierung die Kuvertüre klein hacken und im Wasserbad schmelzen lassen. In einen Spritzbeutel mit feiner Lochtülle füllen und feine Linien auf die Plätzchen spritzen. Mit Schokobohnen verzieren.

◷ Zubereitung: 40 Min.
◷ Backzeit: 10 Min.
◷ Kühlzeit: 30 Min.
Pro Stück ca.: 95 kcal

Ergibt ca. 40 Stück
100 g kandierte Früchte (z. B. Kirschen, Orangen, Limonen)
150 g Sahne
100 g Butter
100 g Rohrzucker
1 EL Vanillezucker
50 g Honig
2 EL Mehl
100 g gehackte Mandeln
200 g Mandelblättchen
Für die Verzierung:
50 g Zartbitterkuvertüre
50 g Vollmilchkuvertüre
2 TL Öl
Backpapier fürs Blech

Bestes Aroma: 5–6 Wochen

Florentiner

1. Die kandierten Früchte klein hacken. Den Backofen vorheizen. Die Backbleche mit Backpapier belegen.

2. Die Sahne mit Butter, Zucker, Vanillezucker und Honig unter Rühren kurz aufkochen. Mehl, gehackte Mandeln und Mandelblättchen mischen und unter die Honigsahne rühren. Die kandierten Früchte unterheben und nochmals kurz aufkochen lassen. Vom Herd nehmen.

3. Mit 2 Teelöffeln kleine Teighäufchen im Abstand von ca. 5 cm aufs Blech setzen. Im Ofen bei 175° (oben, Umluft 160°) ca. 12 Min. backen, bis die Florentiner fest und goldgelb sind. Mit einer Palette vorsichtig vom Papier lösen und umgedreht auf ein Kuchengitter legen.

4. Für die Verzierung die Kuvertüren getrennt mit je 1 TL Öl im Wasserbad schmelzen lassen. Die Hälfte der Florentiner mit dunkler Kuvertüre, die andere Hälfte mit Vollmilchkuvertüre überziehen. Mit einer Gabel Wellenlinien in die Glasur ziehen und trocknen lassen.

Tipps

Statt der kandierten Früchte können Sie auch 100 g Früchtemix (Fertigprodukt) oder je 50 g Zitronat und Orangeat verwenden.
Die Florentiner schmecken auch ohne Glasur sehr fein.

Variante

Die Florentinermasse wie beschrieben zubereiten und auf ein mit Backpapier belegtes Backblech streichen. Im Ofen bei 175° (oben, Umluft 160°) in ca. 12 Min. goldbraun backen. Auf die mit Backpapier belegte Arbeitsfläche stürzen. Das Backpapier abziehen und die Mandelplatte mit einem scharfen Messer in Quadrate (ca. 3 x 3 cm) schneiden.
100 g Zartbitterkuvertüre mit 1 EL Öl im Wasserbad schmelzen lassen und die Florentiner damit bestreichen.

Zubereitung: 1 Std.
Backzeit: 12 Min.

Pro Stück ca.: 110 kcal

Ingwerstangen

Ergibt ca. 55 Stück
50 g kandierter Ingwer
220 g Mehl
2 TL gemahlener Ingwer
1 Prise Zimt
100 g weiche Butter
100 g Zucker
2 EL Rübensirup (ersatzweise Honig)
Für die Verzierung:
4 Stück kandierter Ingwer
100 g Puderzucker
2 EL Orangensaft
Mehl zum Arbeiten
Backpapier fürs Blech

Bestes Aroma: 3 Wochen

1. Den kandierten Ingwer sehr fein hacken. Mehl und Gewürze mischen. Die Butter mit Zucker und Rübensirup schaumig schlagen. Mit dem gehackten Ingwer und der Mehlmischung rasch zu einem glatten Teig verkneten. In Frischhaltefolie wickeln und mindestens 30 Min. kühl stellen.

2. Den Backofen vorheizen. Die Backbleche mit Backpapier belegen. Den Teig auf bemehlter Arbeitsfläche 5–6 mm dick ausrollen. Mit einem scharfen Messer oder Teigrädchen Stangen (ca. 2 x 5 cm) schneiden und aufs Blech legen. Im Ofen bei 175° (Mitte, Umluft 160°) in 8–10 Min. goldgelb backen. Mit dem Papier vom Blech ziehen und abkühlen lassen.

3. Für die Verzierung den Ingwer in feine Streifen schneiden. Den Puderzucker mit Orangensaft zu einem dünnflüssigen Guss verrühren. Die Ingwerstangen damit überziehen und mit den Ingwerstreifen verzieren.

Zubereitung: 40 Min.	Kühlzeit: 30 Min.
Backzeit: 10 Min.	Pro Stück ca.: 45 kcal

Rosinenplätzchen

Ergibt ca. 40 Stück
100 g weiche Butter
100 g Farinzucker
2 Eier
1 TL abgeriebene Orangenschale
1 Prise gemahlene Nelken
1 Prise Muskatblüte (Macis)
150 g Mehl
100 g Rumrosinen (Fertigprodukt)
Puderzucker zum Bestäuben
Backpapier fürs Blech

Bestes Aroma: 1 Woche

1. Die Butter mit Zucker und Eiern schaumig schlagen. Orangenschale, Nelken und Muskatblüte unterrühren. Mehl und Rumrosinen einarbeiten. Den Backofen vorheizen. Die Backbleche mit Backpapier belegen.

2. Mit 2 Teelöffeln kleine Teighäufchen mit etwas Abstand aufs Blech setzen. Im Ofen bei 175° (Mitte, Umluft 160°) 10 Min. backen. Mit dem Papier vom Blech ziehen und abkühlen lassen. Die Rosinenplätzchen mit Puderzucker bestäuben.

Variante

Mischen Sie 100 g Rosinen mit 2–3 EL Whisky und lassen Sie sie mindestens 2 Std. – noch besser über Nacht – durchziehen. Statt der Rumrosinen unter den Teig heben.

Zubereitung: 15 Min.	
Backzeit: 10 Min.	Pro Stück ca.: 50 kcal

Dänische Julkuchen

Ergibt ca. 80 Stück
200 g weiche Butter
100 g Zucker
1 Ei
400 g Mehl
1 TL Backpulver
1/2 TL Salz
1 Eiweiß
50 g Zucker zum Bestreuen
2 TL Zimt zum Bestreuen
Mehl zum Arbeiten
Backpapier fürs Blech

Bestes Aroma: 4 Wochen

1. Die Butter mit Zucker und Ei schaumig schlagen. Mehl, Backpulver und Salz mischen. Mit der Buttermasse rasch einem glatten Teig verkneten. Den Teig in 4 Portionen teilen und zu Rollen (ca. 4 cm Ø) formen. In Frischhaltefolie wickeln und 2 Std. kühl stellen.

2. Den Backofen vorheizen. Die Backbleche mit Backpapier belegen. Jede Rolle in 20 Scheiben schneiden. Die Scheiben mit Eiweiß bestreichen und aufs Blech legen. Zucker und Zimt mischen und die Plätzchen damit bestreuen.

3. Im Ofen bei 200° (Mitte, Umluft 180°) 8–10 Min. backen. Mit dem Papier vom Blech ziehen und abkühlen lassen.

Zubereitung: 30 Min.	Kühlzeit: 2 Std.
Backzeit: 10 Min.	Pro Stück ca.: 45 kcal

Brune Kager

Ergibt ca. 80 Stück
250 g Butter
200 g Zucker
125 g Rübensirup (ersatzweise Honig)
100 g gehackte Mandeln
2 TL Zimt
1/2 TL gemahlene Nelken
1/2 TL gemahlener Ingwer
500 g Mehl
1 TL Pottasche
Mehl zum Arbeiten
Backpapier fürs Blech

Bestes Aroma: 4–5 Wochen

1. Die Butter mit Zucker und Rübensirup unter Rühren aufkochen. Kurz abkühlen lassen. Die Mandeln und Gewürze unterrühren.

2. Das Mehl auf die Arbeitsfläche sieben und in die Mitte eine Vertiefung drücken. Die Pottasche in 3 EL Wasser auflösen und hineingeben. Mit der Butter-Mandel-Masse rasch zu einem glatten Teig verkneten. Den Teig in 4 Portionen teilen und zu Rollen (4–5 cm Ø) formen. 24 Std. kühl stellen.

3. Den Backofen vorheizen. Die Backbleche mit Backpapier belegen. Jede Rolle in 20 Scheiben schneiden und aufs Blech legen. Im Ofen bei 175° (Mitte, Umluft 160°) 10–12 Min. backen. Mit dem Papier vom Blech ziehen und abkühlen lassen.

Zubereitung: 30 Min.	Kühlzeit: 24 Std.
Backzeit: 12 Min.	Pro Stück ca.: 65 kcal

Basler Brunsli

Ergibt ca. 50 Stück
100 g Zartbitterschokolade
250 g gemahlene Mandeln
250 g Puderzucker
1 TL Kakao
1 Prise Zimt
1 Prise gemahlene Nelken
2 Eiweiße
1 Prise Salz
1 EL Kirschwasser (wer mag)
Zucker zum Arbeiten und zum Wenden
Backpapier fürs Blech

Bestes Aroma: 4–5 Wochen

1. Die Schokolade im Wasserbad schmelzen lassen. Die Mandeln mit Puderzucker, Kakao und Gewürzen mischen.

2. Die Eiweiße mit Salz steif schlagen. Den Eischnee nach und nach unter die Mandelmischung ziehen. Die flüssige Schokolade und Kirschwasser – wer mag – unterheben. Der Teig sollte fest und formbar sein. In Frischhaltefolie wickeln und 1 Std. kühl stellen.

3. Die Backbleche mit Backpapier belegen. Die Arbeitsfläche mit Zucker bestreuen und den Teig 1 cm dick ausrollen. Blüten ausstechen und aufs Blech legen. 12 Std. trocknen lassen.

4. Den Backofen vorheizen. Die Brunsli im Ofen bei 200° (Mitte, Umluft 180°) 6–8 Min. backen. (Sie müssen innen noch feucht sein.) Mit dem Papier vom Blech ziehen und abkühlen lassen. Mit wenig Wasser bestreichen, in Zucker wenden und trocknen lassen.

Zubereitung: 45 Min.	Ruhezeit: 1 Std. + 12 Std.
Backzeit: 8 Min.	Pro Stück ca.: 60 kcal

Schneeflöckchen

Ergibt ca. 60 Stück
250 g weiche Butter
100 g Puderzucker
2 Vanilleschoten
120 g Mehl
250 g Speisestärke
100 g Puderzucker zum Bestäuben
Backpapier fürs Blech

Bestes Aroma: 3–4 Wochen

1. Die Butter mit Puderzucker schaumig schlagen. Die Vanilleschoten längs aufschlitzen, das Mark herausschaben und unterrühren. Mehl und Speisestärke mischen. Mit der Buttermasse rasch zu einem glatten Teig verkneten. Den Teig zu 3 Rollen (ca. 3 cm Ø) formen und 30 Min. kühl stellen.

2. Den Backofen vorheizen. Die Backbleche mit Backpapier belegen. Jede Rolle in 20 Scheiben schneiden und diese zu Kugeln formen. Aufs Blech setzen und mit einer Gabel etwas flach drücken.

3. Im Ofen bei 175° (Mitte, Umluft 160°) 12–15 Min. backen. Mit dem Papier vom Blech ziehen und abkühlen lassen. Mit Puderzucker bestäuben.

Zubereitung: 20 Min.	Kühlzeit: 30 Min.
Backzeit: 15 Min.	Pro Stück ca.: 65 kcal

Arabische Mandelpastetchen

Ergibt ca. 40 Stück
125 ml Sonnenblumenöl
125 g Butter
1 EL Zucker
1 Prise gemahlener Safran
500 g Mehl
1 Eigelb
Für die Füllung:
200 g gemahlene Mandeln
150 g Zucker
3 EL Orangenblütenwasser (Apotheke)
Mehl zum Arbeiten
Backpapier fürs Blech

Bestes Aroma: 2 Wochen

Einkaufstipp

Eine typische Zutat für orientalisches Gebäck ist Orangenblütenwasser. Es verleiht dem Gebäck seinen unverwechselbaren Geschmack. Sie erhalten es in Apotheken – ganz nach Bedarf auch in kleinen Mengen.

1. Das Öl mit Butter, Zucker, Safran und 100 ml Wasser erhitzen, bis die Butter geschmolzen ist. Das Mehl unterrühren und die Masse auf der Arbeitsfläche zu einem glatten Teig verkneten.

2. Für die Füllung die Mandeln mit Zucker und Orangenblütenwasser mischen. Den Backofen vorheizen. Das Backblech mit Backpapier belegen.

3. Den Teig auf bemehlter Arbeitsfläche 2–3 mm dick ausrollen und Kreise (ca. 6 cm Ø) ausstechen. 1 Teelöffel Füllung in die Mitte setzen. Die Kreise halbmondförmig zusammenklappen und am Rand fest andrücken. Aus den Teigresten kleine Sterne ausstechen und die Pastetchen damit verzieren.

4. Das Eigelb mit 1 EL Wasser verquirlen. Die Pastetchen damit bestreichen und aufs Blech setzen. Im Ofen bei 175° (Mitte, Umluft 160°) in 25–30 Min. goldbraun backen. Mit dem Papier vom Blech ziehen und abkühlen lassen.

Variante

Arabisches Mandelgebäck
500 g gemahlene Mandeln mit 1 EL abgeriebener Zitronenschale und 2 Eiern verrühren. Den Teig zwischen Frischhaltefolie 1 cm dick ausrollen. Den Backofen vorheizen. Das Backblech mit Backpapier belegen. Den Teig aufs Blech legen und im Ofen bei 160° (Mitte, Umluft 140°) ca. 10 Min. backen. In kleine Rauten schneiden.
150 g Zucker mit 150 g Wasser unter Rühren aufkochen und ca. 3 Min. kochen lassen. Etwas abkühlen lassen und 1 EL Orangenblütenwasser unterrühren. Die Rauten damit bestreichen oder in den Sirup tauchen. Mit in Streifen geschnittenen kandierten Orangenschalen verzieren.

Tipp

Zum Mandelgebäck passt sehr gut gesüßter Pfefferminztee – aus frischer Minze gekocht – oder heiße Schokolade, gewürzt mit Zimt und gemahlenem Koriander.

Zubereitung: 50 Min.
Backzeit: 30 Min.
Pro Stück ca.: 130 kcal

Ergibt ca. 40 Stück
100 g Zartbitterschokolade
200 g weiche Butter
200 g Puderzucker
2 Eier
100 g gemahlene Haselnüsse
2 EL brauner Rum (54 %, ersatzweise 2 EL Sahne)
2 TL Lebkuchengewürz
1/2 TL Zimt
220 g Mehl
1 TL Backpulver
150 g Aprikosenkonfitüre
Für die Verzierung:
200 g dunkle Schokoladenglasur
50 g Trockenfrüchte (Birnen, Aprikosen)
Backpapier fürs Blech und zum Arbeiten

Bestes Aroma: 3–4 Wochen

Lebkuchen-Brownies

1. Die Schokolade in Stücke brechen und im Wasserbad schmelzen lassen. Etwas abkühlen lassen.

2. Die Butter mit Puderzucker schaumig schlagen. Die Eier einzeln unterrühren. Haselnüsse, Rum, Gewürze und flüssige Schokolade einarbeiten. Das Mehl mit Backpulver mischen und unterheben.

3. Den Backofen vorheizen. Das Backblech mit Backpapier belegen. Den Teig ca. 1,5 cm dick aufs Blech streichen. Im Ofen bei 160° (Mitte, Umluft 140°) 25–30 Min. backen.

4. Die Arbeitsfläche mit Backpapier belegen. Die Teigplatte darauf stürzen und das Papier abziehen. Die Aprikosenkonfitüre erwärmen und die Teigplatte damit bestreichen. Noch warm in Würfel (ca. 3 x 3 cm) schneiden.

5. Für die Verzierung die Schokoladenglasur nach Packungsangaben erwärmen. Die Trockenfrüchte in Streifen schneiden. Die Plätzchen mit der Glasur überziehen und mit den Trockenfrüchten verzieren.

Deko-Tipp

Stechen Sie aus den Trockenfrüchten kleine Sterne, Herzen oder Monde aus und verzieren Sie die Brownies damit.
Sie können die Brownies auch mit weißer Kuvertüre überziehen. Sie bildet einen reizvollen Kontrast zum dunklen Brownie-Teig.

Variante

Die gebackene Teigplatte mit erwärmter Aprikosenkonfitüre bestreichen und noch warm in Würfel (ca. 3 x 3 cm) schneiden. 200 g Zartbitterkuvertüre mit 1 EL Öl im Wasserbad schmelzen lassen und die Brownies damit überziehen. 100 g Marzipanrohmasse mit 1 Tropfen grüner Lebensmittelfarbe verkneten und zwischen Frischhaltefolie dünn ausrollen. Kleine Tannenbäumchen ausstechen, auf die Brownies legen und leicht andrücken.

Zubereitung: 1 Std. 30 Min.
Backzeit: 30 Min.
Pro Stück ca.: 150 kcal

New Yorker Sternkekse

Ergibt ca. 45 Stück
220 g Mehl
1 Prise Salz
50 g geschälte gemahlene Mandeln
100 g Puderzucker
100 g kalte Butter
1 Ei
1 Eigelb
Für die Füllung:
1 unbehandelte Zitrone
100 ml Milch
150 g Marzipanrohmasse
1 Eiweiß
Für die Verzierung:
1 Eiweiß
250 g Puderzucker
1 Tropfen rote Lebensmittelfarbe
Mehl zum Arbeiten
Backpapier fürs Blech

Bestes Aroma: 1–2 Wochen

Deko-Variante

100 g weiße Kuvertüre hacken und mit 2 EL Milch unter Rühren schmelzen lassen. Ein Drittel der Glasur mit 1 EL Granatapfelsirup (oder Lebensmittelfarbe) verrühren und in einen Spritzbeutel mit feiner Lochtülle füllen.
Die erkalteten Sterne mit weißer Glasur überziehen und mit der Granatapfel-Glasur verzieren.

1. Das Mehl mit Salz, Mandeln und Puderzucker auf die Arbeitsfläche geben. Die Butter in Flöckchen untermischen. Mit Ei und Eigelb rasch zu einem glatten Teig verkneten. In Frischhaltefolie wickeln und 30 Min. kühl stellen.

2. Für die Füllung die Zitrone waschen und trockentupfen. Die Schale dünn abreiben und den Saft auspressen. Die Milch erwärmen. Das Marzipan klein schneiden und mit der Milch glatt rühren. Zitronenschale und -saft unterrühren. Das Eiweiß steif schlagen und unterheben.

3. Den Backofen vorheizen. Die Backbleche mit Backpapier belegen. Den Teig auf bemehlter Arbeitsfläche 3–4 mm dick ausrollen und Sterne (4–6 cm Ø) ausstechen. Je 2 Sterne mit etwas Füllung zusammensetzen und aufs Blech legen. Im Ofen bei 175° (Mitte, Umluft 160°) 10–12 Min. backen. Mit dem Papier vom Blech ziehen und abkühlen lassen.

4. Für die Verzierung das Eiweiß steif schlagen, nach und nach den Puderzucker unter Rühren einrieseln lassen. 2 EL Puderzuckerglasur abnehmen und mit Lebensmittelfarbe rosa färben. Die Sternkekse mit der weißen Glasur überziehen. Mit der rosa Glasur in Linien verzieren und gut trocknen lassen.

Deko-Tipp

Färben Sie die Glasur mit Lebensmittelfarbe zartrosa und überziehen Sie die Sterne damit.

Varianten

Den Teig wie beschrieben zubereiten und auf bemehlter Arbeitsfläche 3 mm dick ausrollen. Sterne ausstechen und auf ein mit Backpapier belegtes Blech setzen.
1/2 TL Füllung in die Mitte der Sterne geben und wie beschrieben backen. Mit dem Papier vom Blech ziehen und abkühlen lassen. Dick mit Puderzucker bestäuben.
Den Teig wie beschrieben zubereiten und auf bemehlter Arbeitsfläche 3 mm dick ausrollen. Sterne (3–4 cm Ø) ausstechen, aufs Blech legen und wie beschrieben backen. Die abgekühlten Sterne mit Quittengelee oder Aprikosenkonfitüre versetzt zusammenfügen und mit Puderzucker bestäuben.

◷ Zubereitung: 1 Std. 30 Min.	◷ Kühlzeit: 30 Min.
◷ Backzeit: 12 Min.	Pro Stück ca.: 70 kcal

Karibische Plätzchen

Ergibt ca. 30 Stück
150 g Tropical-Früchtemix (Reformhaus)
2 EL weißer Rum (ersatzweise Ananassaft)
125 g Butter
1 unbehandelte Limette
2 Eier
100 g brauner Zucker
125 g Kokosflocken
100 g Mehl
Backpapier fürs Blech

Bestes Aroma: 2 Wochen

1. Die kandierten Früchte fein hacken. Die gehackten Früchte mit dem Rum mischen. Die Butter schmelzen. Die Limette waschen und trockentupfen. Die Schale dünn abreiben und den Saft auspressen.

2. Die Eier mit dem Zucker verrühren. Limettensaft und -schale, Kokosflocken und Mehl unterziehen. Die gehackten Trockenfrüchte und die flüssige Butter einrühren.

3. Den Backofen vorheizen. Die Backbleche mit Backpapier belegen. Mit 2 Teelöffeln kleine Teighäufchen aufs Blech setzen. Im Ofen bei 175° (Mitte, Umluft 160°) 10 Min. backen. Mit dem Papier vom Blech ziehen und abkühlen lassen.

Deko-Tipp

Sie können die Plätzchen auch mit kandierter Ananas zubereiten, wenn Sie keinen Tropical-Früchtemix bekommen.

Zubereitung: 30 Min.
Backzeit: 10 Min.
Pro Stück ca.: 95 kcal

Kaffee-Rum-Kugeln

Ergibt ca. 40 Stück
125 g weiche Butter
100 g brauner Zucker
1 Päckchen Vanillezucker
1 Ei
2 EL Instant-Kaffeepulver
1 EL Rum
250 g Weizenvollkornmehl
Für die Verzierung:
100 g Puderzucker
2 EL frisch gebrühter Kaffee
100 g Mokkabohnen (Fertigprodukt)
Mehl zum Arbeiten
Backpapier fürs Blech

Bestes Aroma: 3 Wochen

1. Die Butter mit Zucker und Vanillezucker schaumig schlagen. Ei, Kaffeepulver und Rum unterrühren. Mit dem Mehl rasch zu einem glatten Teig verkneten. Den Teig in 2 Portionen teilen und auf bemehlter Arbeitsfläche zu Rollen formen. In Frischhaltefolie wickeln und 30 Min. kühl stellen.

2. Den Backofen vorheizen. Die Backbleche mit Backpapier belegen. Jede Rolle in 20 Scheiben schneiden. Daraus Kugeln formen und aufs Blech legen. Im Ofen bei 175° (Mitte, Umluft 160°) 10–12 Min. backen. Mit dem Papier vom Blech ziehen und abkühlen lassen.

3. Für die Verzierung Puderzucker und Kaffee verrühren. Die Kugeln damit überziehen und mit je 1 Mokkabohne belegen.

Zubereitung: 45 Min.
Backzeit: 12 Min.
Kühlzeit: 30 Min.
Pro Stück ca.: 75 kcal

Russische Weihnachtsschnitten

Ergibt ca. 60 Stück
100 g kandierte Früchte
6 Eier
1 Prise Salz
200 g weiche Butter
175 g Zucker
100 g gehackte Mandeln
200 g Mehl
Für den Belag:
100 g Mandelblättchen
1 Päckchen Vanillezucker
1 EL Puderzucker
2 EL Hagelzucker
Backpapier fürs Blech

Bestes Aroma: 1 Woche

Tipp

Servieren Sie zu den russischen Weihnachtsschnitten heißen schwarzen Tee, aromatisiert mit etwas Sauerkirsch-Konfitüre.

1. Die kandierten Früchte sehr fein schneiden. Den Backofen vorheizen. Das Backblech mit Backpapier belegen.

2. Die Eier trennen, die Eiweiße mit Salz steif schlagen. Die Butter mit Zucker und Eigelben schaumig schlagen. Die Mandeln und kandierten Früchte unterrühren. Den Eischnee und das Mehl locker unter den Teig heben. Den Teig gleichmäßig aufs Blech streichen.

3. Für den Belag die Mandelblättchen mit Vanillezucker und Puderzucker mischen und auf dem Teig verteilen. Mit Hagelzucker bestreuen. Im Ofen bei 200° (Mitte, Umluft 175°) in 20 Min. goldgelb backen. Etwas abkühlen lassen, dann in kleine Rauten, Rechtecke oder Quadrate schneiden.

Varianten

Polnische Mazurek
5 hart gekochte Eigelbe durch ein Sieb streichen. 350 g Mehl mit 200 g Puderzucker, 1/4 TL Salz und 1 Päckchen Vanillezucker auf die Arbeitsfläche geben. Mit 250 g kalter Butter in Flöckchen rasch zu einem glatten Teig verkneten. Den Teig ausrollen und auf ein mit Backpapier belegtes Blech legen. Mehrmals mit einer Gabel einstechen.
Für den Belag 1 Ei mit 2 EL Puderzucker verrühren. Den Teig damit bestreichen und mit 150 g Mandelblättchen bestreuen. Im Backofen bei 200° (Mitte, Umluft 175°) 20 Min. backen. Noch warm in kleine Quadrate oder Rechtecke schneiden.

Ozechi (Nusskonfekt)
200 g Walnusskerne in einer Pfanne ohne Fett rösten. 200 g Honig aufkochen, die Nüsse unterheben und ca. 15 Min. leicht köcheln lassen. Die Masse auf Backpapier geben und zu einer gleichmäßigen Platte ausstreichen. Leicht abgekühlt in Rauten schneiden.
Dieses Nusskonfekt aus Russland kann auch mit Sonnenblumenkernen zubereitet werden. Es ist lange haltbar und schmeckt das ganze Jahr über.

Zubereitung: 30 Min.
Backzeit: 20 Min.
Pro Stück ca.: 80 kcal

Lebkuchen & Stollen

Die Klassiker

Lebkuchen und Christstollen sind so eng mit dem Weihnachtsfest verbunden wie der Tannenbaum. Sie haben eine lange Tradition, und dementsprechend gibt es unzählige Rezepte und viele Varianten. Während der Stollen mit seiner Schlichtheit überzeugt, sind die luftig-leichten Lebkuchen vor allem wegen ihres interessanten Aromas beliebt. Dies wird geprägt durch edle Gewürze aus aller Welt – Anis aus Ägypten, Nelken aus Madagaskar, Ingwer und Kardamom aus Indien, Muskatblüten aus Sumatra, Piment aus Mexiko und Zimt aus Sri Lanka. Zarte Vielfalt, die nicht nur in der Weihnachtszeit schmeckt.

Schokoladenbrot

Für 1 Kastenform von 24 cm Länge (12 Stück)
150 g Zartbitterschokolade
3 EL starker Kaffee
4 Eier
140 g Zucker
70 g gemahlene Mandeln
70 g Mehl
Backpapier für die Form

Bestes Aroma: 2–3 Wochen

1. Die Schokolade grob hacken und im heißen Kaffee schmelzen lassen. Den Backofen vorheizen. Die Backform mit Backpapier auslegen.

2. Die Eier mit Zucker schaumig schlagen. Die flüssige Schokolade und die Mandeln unterrühren. Das Mehl unterheben und den Teig in die Form füllen. Im Ofen bei 175° (Mitte, Umluft 160°) 45 Min. backen. Leicht abgekühlt aus der Form nehmen und das Backpapier abziehen. Den Kuchen auf einem Kuchengitter auskühlen lassen.

Zubereitung: 30 Min.	
Backzeit: 45 Min.	Pro Stück ca.: 190 kcal

Bischofsbrot

Für 1 Kastenform von 24 cm Länge (12 Stück)
50 g Blockschokolade
50 g Zitronat (wer mag)
3 Eiweiße, 1 Prise Salz
3 Eier
150 g Zucker
100 g Rosinen
50 g Mandelstifte
150 g Mehl
Fett für die Form

Bestes Aroma: 2–3 Wochen

1. Schokolade und Zitronat – wer mag – fein hacken. Den Backofen vorheizen. Die Backform fetten. Die Eiweiße mit Salz steif schlagen. Die Eier mit Zucker sehr schaumig schlagen. Den Eischnee unterziehen.

2. Zitronat, Rosinen und 3 EL Mehl mischen, mit den Mandelstiften unter den Eischaum heben. Das restliche Mehl und die Schokolade unterziehen. Den Teig in die Form füllen. Im Ofen bei 175° (Mitte, Umluft 160°) 50 Min. backen. Leicht abgekühlt aus der Form lösen und auf einem Kuchengitter auskühlen lassen.

Zubereitung: 30 Min.	
Backzeit: 50 Min.	Pro Stück ca.: 205 kcal

Marzipanstollen

Für 2 kleine Stollen (à 16 Stück)
175 g weiche Butter
180 g Zucker, 1 Päckchen Vanillezucker
2 Eier, 2 Tropfen Bittermandelöl
250 g Magerquark
500 g Mehl
1 Päckchen Backpulver
100 g Marzipanrohmasse
Puderzucker zum Bestäuben
Mehl zum Arbeiten, Fett fürs Blech

Bestes Aroma: 2 Wochen

1. Den Backofen vorheizen. Das Backblech fetten. 125 g Butter, Zucker, Vanillezucker und Eier schaumig schlagen. Bittermandelöl und Quark unterrühren. Mehl und Backpulver unterheben. Das Marzipan darüber reiben. Den Teig kurz durchkneten.

2. Aus dem Teig 2 Stollen formen und aufs Blech legen. Im Ofen bei 175° (Mitte, Umluft 160°) in 45 Min. goldbraun backen. 50 g Butter schmelzen, die Stollen nach 20 und 40 Min. Backzeit damit bestreichen. Nach dem Backen noch warm dick mit Puderzucker bestäuben.

Zubereitung: 30 Min.	
Backzeit: 45 Min.	Pro Stück ca.: 140 kcal

Honigkuchen

Für 1 Kastenform von 24 cm Länge (12 Stück)
200 g Honig, 100 g brauner Zucker
100 g Sahne
1/2 TL Zimt, 1/4 TL gemahlene Nelken
1 Prise Muskatblüte (Macis)
150 g gemahlene Mandeln
350 g Mehl, 1/2 Päckchen Backpulver
3 Eier
Fett für die Form

Bestes Aroma: 4 Wochen

1. Honig, Zucker und Sahne unter Rühren erwärmen, bis sich der Zucker gelöst hat. Abkühlen lassen. Den Backofen vorheizen. Die Backform fetten.

2. Gewürze, Mandeln, Mehl und Backpulver mischen. Die Eier mit der Honigmasse verquirlen. Die Mehlmischung nach und nach einrühren. Den Teig in die Form füllen. Im Ofen bei 175° (Mitte, Umluft 160°) ca. 50 Min. backen. Leicht abgekühlt aus der Form lösen und auf einem Kuchengitter auskühlen lassen.

Tipp
Wer mag, überzieht den Kuchen mit 100 g geschmolzener Honigschokolade. In Alufolie gehüllt bleibt er lange frisch.

Zubereitung: 35 Min.	
Backzeit: 50 Min.	Pro Stück ca.: 305 kcal

Gewürzguglhupf

Für 1 Napfkuchenform von 2 l Inhalt (16 Stück)
150 ml Sahne, 3 Sternanis
1 Zimtstange, 3 Nelken
1 unbehandelte Orange
250 g weiche Butter
200 g brauner Zucker
1 Päckchen Vanillezucker
5 Eier
1/2 TL Muskatblüte (Macis)
1/4 TL gemahlener Kardamom
400 g Mehl
1 Päckchen Backpulver
50 g gehackte Mandeln
50 g gehackte Walnüsse
200 g Früchtemix (Fertigprodukt)
Fett für die Form

Bestes Aroma: 1 Woche

1. Die Sahne mit Sternanis, Zimtstange und Nelken kurz aufkochen lassen. Abgedeckt 12 Std. kühl stellen.

2. Die Gewürze aus der Sahne entfernen. Den Backofen vorheizen. Die Backform fetten. Die Orange waschen, abtrocknen und die Schale dünn abreiben.

3. Die Butter mit Zucker und Vanillezucker schaumig schlagen. Die Eier einzeln unterrühren. Die Orangenschale, Muskatblüte und Kardamom zufügen. Mehl und Backpulver mischen. Ein Drittel davon unter die Eimasse rühren. Mandeln, Walnüsse und Früchtemix unterziehen. Die Gewürzsahne und das restliche Mehl unterheben.

4. Den Teig in die Form füllen. Im Ofen bei 175° (unten, Umluft 160°) in 50 Min. goldbraun backen. Leicht abgekühlt aus der Form lösen und auf einem Kuchengitter auskühlen lassen.

Zubereitung: 45 Min.	Ruhezeit: 12 Std.
Backzeit: 50 Min.	Pro Stück ca.: 345 kcal

Adventskuchen

Für 1 Springform von 26 cm Ø (12 Stück)
100 g bunte Belegkirschen
250 g weiche Butter
250 g Rohrzucker
4 Eier
1/4 TL Muskatblüte (Macis)
100 g Rumrosinen (Fertigprodukt)
300 g Mehl
1/2 TL Backpulver
50 g gehackte Mandeln
Für die Verzierung:
150 g Puderzucker
3 EL lauwarme Milch
1 TL Zitronensaft
Fett für die Form

Bestes Aroma: 2–3 Wochen

1. Den Backofen vorheizen. Die Backform fetten. Die Belegkirschen grob hacken. Die Butter mit Zucker schaumig schlagen. Die Eier einzeln unterrühren. Muskatblüte, Rumrosinen und die gehackten Kirschen mit 50 g Mehl mischen. Unter die Eimasse heben. 250 g Mehl mit Backpulver mischen und mit den Mandeln unterrühren.

2. Den Teig in die Form füllen. Im Ofen bei 175° (Mitte, Umluft 160°) ca. 1 Std. backen. Leicht abgekühlt aus der Form lösen und auf einem Kuchengitter auskühlen lassen.

3. Für die Verzierung Puderzucker mit Milch und Zitronensaft zu einem dickflüssigen Guss verrühren und den Kuchen damit überziehen.

Deko-Tipp

Formen Sie aus rot und grün gefärbtem Marzipan einen Stechpalmenzweig und verzieren Sie den Kuchen damit. Sie können den Kuchen auch in einer Kasten- oder Sternform backen.

Zubereitung: 30 Min.	
Backzeit: 1 Std.	Pro Stück ca.: 475 kcal

Basler Leckerli

Ergibt ca. 60 Stück
500 g Honig
350 g Zucker, 1 EL Zimt
1 Prise gemahlene Nelken
1/2 TL gemahlene Muskatnuss
100 g Orangeat
100 g Zitronat
250 g gehackte Mandeln
1 EL Kirschwasser (ersatzweise Zitronensaft)
600 g Mehl
2 TL Backpulver
Für die Verzierung:
200 g Puderzucker
1 EL Kirschwasser (ersatzweise Wasser)
Fett fürs Blech

Bestes Aroma: 4–5 Wochen

1. Den Honig mit Zucker und Gewürzen unter Rühren erhitzen, bis sich der Zucker gelöst hat. Orangeat und Zitronat sehr fein hacken. Mit den Mandeln und dem Kirschwasser unter die Honigmasse rühren. Mehl und Backpulver mischen. Mit der Honigmasse rasch zu einem glatten Teig verkneten.

2. Das Backblech fetten. Den noch warmen Teig auf der Arbeitsfläche 5 mm dick ausrollen. Aufs Blech legen und zugedeckt 12 Std. bei Raumtemperatur ruhen lassen.

3. Den Backofen vorheizen. Den Teig im Ofen bei 200° (Mitte, Umluft 175°) 15–20 Min. backen. Noch warm in kleine Rechtecke schneiden.

4. Für die Verzierung Puderzucker, Kirschwasser und 3–4 EL heißes Wasser verrühren und die Leckerli damit glasieren. Vom Blech lösen.

Zubereitung: 30 Min.	Ruhezeit: 12 Std.
Backzeit: 20 Min.	Pro Stück ca.: 130 kcal

Honig-Ingwer-Schnitten

Ergibt ca. 55 Stück
300 g Mehl
1/2 Päckchen Backpulver
200 g Zucker
1 TL Zimt
1 TL gemahlener Ingwer
2 Eier
4 EL Honig
80 g kandierter Ingwer
Für die Verzierung:
150 g Puderzucker
2 EL Zitronensaft
50 g rote und grüne Belegkirschen
Mehl zum Arbeiten
Backpapier fürs Blech

Bestes Aroma: 3–4 Wochen

1. Den Backofen vorheizen. Das Backblech mit Backpapier belegen. Das Mehl mit Backpulver, Zucker und Gewürzen auf die Arbeitsfläche geben. Mit Eiern und Honig rasch zu einem glatten Teig verkneten.

2. 60 g kandierten Ingwer sehr fein hacken und unter den Teig kneten. Den Teig auf bemehlter Arbeitsfläche ca. 5 mm dick ausrollen und aufs Blech legen. Im Ofen bei 175° (Mitte, Umluft 160°) 20–25 Min. backen.

3. Für die Verzierung Puderzucker, Zitronensaft und 1–2 EL Wasser zu einem dickflüssigen Guss verrühren. Die warme Teigplatte damit bestreichen und in Rechtecke (ca. 5 x 3 cm) oder Rauten schneiden. Die Belegkirschen und 20 g kandierten Ingwer klein schneiden und das Gebäck damit verzieren.

Zubereitung: 30 Min.	
Backzeit: 25 Min.	Pro Stück ca.: 60 kcal

Für 1 Kastenform von 30 cm Länge (16 Stück)
200 g getrocknete Datteln
200 g getrocknete Feigen
4 getrocknete Bananen
100 g getrocknete Aprikosen
125 g Rosinen
100 g Zitronat
100 g Orangeat
100 g gehackte Mandeln
Für den Hefeteig:
1/2 Würfel Hefe (21 g)
250 g Weizenvollkornmehl
1 TL Zimt
2 TL gemahlener Anis
2 EL Honig
Fett für die Form

Bestes Aroma: 4–5 Wochen

Früchtebrot

1. Datteln, Feigen, Bananen und Aprikosen in kleine Würfel schneiden. Mit Wasser bedeckt kurz aufkochen lassen. Rosinen, Zitronat, Orangeat und die Mandeln zufügen und 10 Min. bei geringer Hitze ziehen lassen. In ein Sieb abgießen, das Kochwasser auffangen.

2. Die Hefe zerbröckeln und in 100 ml lauwarmem Wasser auflösen. Mehl, Zimt und Anis mischen. Mit der angerührten Hefe, dem Kochwasser und dem Honig zu einem festen Teig verkneten. Abgedeckt an einem warmen Ort 30 Min. gehen lassen.

3. Die Backform fetten. Den Teig nochmals durchkneten. Die Fruchtmasse gründlich unterkneten und den Teig in die Form füllen. Abgedeckt weitere 20 Min. gehen lassen.

4. Den Backofen vorheizen. Das Früchtebrot im Ofen bei 175° (Mitte, Umluft 160°) 50–60 Min. backen. Leicht abgekühlt aus der Form lösen und auf einem Kuchengitter auskühlen lassen. In Alufolie wickeln und kühl aufbewahren.

Varianten

Mini-Früchtebrote
Die Fruchtmasse wie beschrieben zubereiten. Für den Teig 750 g Mehl, 1 Päckchen Trockenhefe, 1 EL Salz und 1 EL Zucker mischen. 200 ml Milch mit 100 g Butter und 1 EL Honig leicht erwärmen. Mit der Mehlmischung rasch zu einem glatten Teig verkneten. Zugedeckt an einem warmen Ort 20 Min. gehen lassen. Nochmals durchkneten. In 4 Portionen teilen und auf bemehlter Arbeitsfläche dünn ausrollen.
Die Fruchtmasse in 4 Portionen teilen, zu Broten formen und in die Teigplatten einschlagen. 1 Eigelb mit 1 EL Milch verquirlen und die Brote damit bestreichen. Die Oberfläche kreuzweise einschneiden. Mit kandierten Früchten und Mandeln – wer mag – verzieren. Im Ofen bei 200° (Mitte, Umluft 175°) ca. 45 Min. backen.

Für **Mond- und Sternebrot** den Teig auf bemehlter Arbeitsfläche dünn ausrollen. Sterne und Monde ausstechen. Je 2 gleiche Motive mit etwas Fruchtmasse füllen und den Rand fest andrücken. Auf ein mit Backpapier belegtes Blech setzen. 1 Eigelb mit 2 EL Milch verquirlen und die Plätzchen damit bestreichen. Im Ofen bei 175° (Mitte, Umluft 160°) in 30–40 Min. goldbraun backen.

Zubereitung: 2 Std.	Ruhezeit: 50 Min.
Backzeit: 1 Std.	Pro Stück ca.: 285 kcal

Für 1 Stollen (16 Stück)
600 g Mehl
1 Prise Salz
1 Würfel Hefe (42 g)
200 ml lauwarme Milch
200 g Butter
75 g Zucker
1 Päckchen Vanillezucker
1 TL abgeriebene Zitronenschale
1 Päckchen Stollengewürz
2 Eier, 2 Eigelbe
200 g Rosinen
100 g gehackte Mandeln
1 EL Rum
Außerdem:
100 g Butter
50 g Zucker
1 Päckchen Vanillezucker
2 EL Puderzucker
Mehl zum Arbeiten, Fett fürs Blech

Bestes Aroma: 8 Wochen

Tipp

Der Stollen wird fruchtiger, wenn Sie zusammen mit Rosinen und Mandeln noch 50 g gehacktes Zitronat und 30 g gehacktes Orangeat unter den Teig kneten.

Christstollen Dresdner Art

1. Das Mehl mit Salz in eine Schüssel sieben und in die Mitte eine Vertiefung drücken. Die Hefe zerbröckeln und in 100 ml Milch auflösen. In die Vertiefung gießen und mit Mehl bestäuben. Abgedeckt an einem warmen Ort ca. 15 Min. gehen lassen.

2. Die Butter schmelzen und mit Zucker, Vanillezucker, Zitronenschale, Stollengewürz, Eiern und Eigelben verrühren. Mit 100 ml Milch zum Vorteig geben und alles zu einem glatten, elastischen Teig verkneten. Zugedeckt weitere 10 Min. gehen lassen.

3. Die Rosinen waschen, trockentupfen und mit den Mandeln mischen. Mit Rum übergießen und kurz durchziehen lassen. Die Mischung unter den Teig kneten. Den Teig abgedeckt weitere 10 Min. gehen lassen.

4. Das Backblech fetten. Den Teig zu einer ca. 30 cm langen Rolle formen. Die Rolle mit dem Nudelholz von der Mitte her etwas flach drücken und an den Breitseiten leicht einschlagen. Längs zur Stollenform zusammenklappen. Den Stollen aufs Blech legen und zugedeckt noch 20 Min. gehen lassen.

5. Den Backofen vorheizen. Den Stollen im Ofen bei 200° (Mitte, Umluft 175°) in ca. 1 Std. goldbraun backen. Die Butter schmelzen. Zucker und Vanillezucker mischen. Den Stollen unmittelbar nach dem Backen mit flüssiger Butter bestreichen und dick mit Zucker bestreuen. Auf einem Kuchengitter auskühlen lassen. Mit Puderzucker bestäuben.

Varianten

Mandelstollen
600 g Mehl mit 1 Prise Salz in eine Schüssel sieben. Die Hefe zerbröckeln und in 200 ml Milch auflösen. Zum Mehl geben und zugedeckt 15 Min. gehen lassen.
200 g flüssige Butter mit 2 Eiern, 2 Eigelben, 75 g Zucker, 1 Päckchen Vanillezucker und 1 Päckchen Stollengewürz verrühren. Zum Vorteig geben und alles zu einem glatten, elastischen Teig verkneten. Den Teig abgedeckt 15 Min. gehen lassen. 100 g gehacktes Zitronat und 150 g gehackte Mandeln unterkneten und weitere 10 Min. gehen lassen. Den Teig auf bemehlter Arbeitsfläche zu einem Stollen formen, auf ein gefettetes Backblech setzen und nochmals 10 Min. gehen lassen.
Im Ofen bei 200° (Mitte, Umluft 175°) ca. 1 Std. backen. Den heißen Stollen mit flüssiger Butter bestreichen und dick mit Puderzucker bestäuben.

Marzipanstollen
Den Teig wie beschrieben zubereiten. 200 g Marzipanrohmasse zu einer Rolle formen. Den Stollenteig länglich ausrollen. Das Marzipan in die Mitte legen, den Teig einschlagen und zu einem Stollen formen. Wie beschrieben backen.

Zubereitung: 2 Std.	Ruhezeit: 55 Min.
Backzeit: 1 Std.	Pro Stück ca.: 415 kcal

Elisenlebkuchen

Ergibt ca. 40 Stück
1 unbehandelte Zitrone
50 g Zitronat
50 g Orangeat
3 Eier, 250 g Zucker
1 TL Zimt
1/2 TL gemahlene Nelken
250 g gemahlene Mandeln
40 Oblaten (70 mm Ø)
Für die Verzierung:
150 g Puderzucker
1 EL Arrak
Backpapier fürs Blech

Bestes Aroma: 6 Wochen

1. Die Zitrone waschen, trockentupfen und die Schale dünn abreiben. Das Zitronat und Orangeat sehr fein hacken. Eier und Zucker im Wasserbad schaumig schlagen. Zimt, Nelken, Zitronenschale, Zitronat und Orangeat unterrühren. Die Mandeln unterheben.

2. Die Backbleche mit Backpapier belegen. Den Teig fingerdick auf die Oblaten streichen. Die Lebkuchen aufs Blech legen und 12 Std. trocknen lassen.

3. Den Backofen vorheizen. Die Lebkuchen im Ofen bei 160° (Mitte, Umluft 140°) 20 Min. backen. Auf einem Kuchengitter abkühlen lassen.

4. Für die Verzierung Puderzucker, Arrak und 2 EL heißes Wasser verrühren. Die Lebkuchen damit überziehen und gut trocknen lassen.

Tipps

Die Lebkuchen entfalten ihr volles Aroma, wenn sie vor dem Verzehr 2–3 Wochen durchziehen.
Sie können die Lebkuchen auch mit Schokoglasur überziehen.

Zubereitung: 30 Min.	Ruhezeit: 12 Std.
Backzeit: 20 Min.	Pro Stück ca.: 100 kcal

Gefüllte Lebkuchenherzen

Ergibt ca. 60 Stück
300 g Honig
150 g Zucker
100 g Butter
1 EL Kakao
1 Päckchen Lebkuchengewürz
1 Ei
500 g Mehl
1 Päckchen Backpulver
Für Füllung und Verzierung:
100 g Marzipanrohmasse
2 EL Hagebuttenmarmelade
200 g Schokoladenglasur (Fertigprodukt)
Mehl zum Arbeiten
Backpapier fürs Blech

Bestes Aroma: 3 Wochen

1. Den Honig mit Zucker und Butter unter Rühren aufkochen, bis sich der Zucker gelöst hat. Etwas abkühlen lassen, dann Kakao, Lebkuchengewürz und Ei unterrühren. Das Mehl mit Backpulver mischen. Mit der Honigmasse rasch zu einem glatten Teig verkneten.

2. Den Backofen vorheizen. Die Backbleche mit Backpapier belegen. Den Teig auf bemehlter Arbeitsfläche ca. 5 mm dick ausrollen. Herzen ausstechen und aufs Blech legen.

3. Für die Füllung Marzipan und Hagebuttenmarmelade verkneten. Auf jedes Herz 1/4 TL Hagebuttenmasse setzen. Im Ofen bei 200° (Mitte, Umluft 175°) ca. 12 Min. backen. Mit dem Papier vom Blech ziehen und abkühlen lassen.

4. Die Schokoladenglasur nach Packungsangaben erwärmen und die Lebkuchenherzen damit überziehen.

Zubereitung: 1 Std. 15 Min.	
Backzeit: 12 Min.	Pro Stück ca.: 95 kcal

Hexenhäuschen

Für 1 großes Häuschen
250 g Honig
250 g brauner Zucker
100 g Butter
600 g Mehl
1 Päckchen Lebkuchengewürz
1 EL Kakao
1 EL Pottasche
1 Ei
1 Eiweiß
200 g Puderzucker
Backpapier fürs Blech

Bestes Aroma: 2–3 Monate

Tipp

Sie können das Hexenhäuschen auch auf eine runde Bodenplatte stellen. Bewahren Sie es trocken auf. Der Lebkuchenteig wird sonst weich, und das Häuschen bricht zusammen.

1. Den Honig mit Zucker und Butter unter Rühren erhitzen, bis sich der Zucker gelöst hat. Abkühlen lassen.

2. Das Mehl mit Lebkuchengewürz und Kakao mischen. Die Pottasche in 2 EL Wasser auflösen und zugeben. Das Ei unter die Honigmasse rühren. Honigmasse und Mehlmischung zu einem glatten Teig verkneten. In Frischhaltefolie wickeln und 12 Std. kühl stellen.

3. Aus festem Karton Schablonen anfertigen (siehe Seite 137, Step-by-Step-Anleitung): Für die Dachschrägen und Giebel 4 Rechtecke à 16 x 14 cm ausschneiden. Zwei der Rechtecke an der längeren Seite ab 5 cm Höhe abschrägen, sodass dort später die Dachschrägen aufgesetzt werden können. Für die Seitenwände 2 Streifen à 12 x 5 cm ausschneiden.

4. Den Backofen vorheizen. Die Backbleche mit Backpapier belegen. Den Teig in 2 Portionen teilen: Nacheinander jede Portion in Blechgröße ausrollen, aufs Blech legen und im Ofen bei 175° (Mitte, Umluft 160°) jeweils 12–15 Min. backen.

5. Auf der ersten Lebkuchenplatte die Schablonen so anordnen, dass alle Hausteile nebeneinander Platz haben. Ausschneiden, solange der Lebkuchen noch warm ist. Aus der zweiten Platte zunächst eine Bodenplatte von ca. 32 x 20 cm ausschneiden. Aus dem Rest Motive – z. B. Bäume, Figuren – ausstechen.

6. Das Eiweiß steif schlagen. Mit dem Puderzucker zu einem dickflüssigen Guss verrühren. Die Seitenwände und Giebel mit Zuckerguss auf der Bodenplatte zusammensetzen und gut trocknen lassen. Die Dachschrägen mit Guss aufsetzen. Die Figuren mit etwas Guss ebenfalls auf der Bodenplatte befestigen.

Varianten

Den Lebkuchenteig wie beschrieben zubereiten, 1 cm dick ausrollen und auf ein mit Backpapier belegtes Backblech legen. Den Teig mit Mandeln und Belegkirschen verzieren und wie beschrieben backen. Noch warm die Hausteile mit den Schablonen ausschneiden und mit Puderzuckerglasur zusammensetzen.
Wer besonders geschickt ist, kann aus den gebackenen Giebeln Türen und Fenster ausschneiden und noch einen Kamin aufs Dach setzen.

Kekshäuschen
1 Eiweiß steif schlagen und mit 200 g Puderzucker zu einem dickflüssigen Guss verrühren. Je 3 Butterkekse – 1 als Bodenplatte und 2 als Dachschrägen – damit zusammensetzen. Nach Belieben mit Gummibärchen, Smarties oder Schokolinsen verzieren.

Zubereitung: 1 Std. 30 Min.	Kühlzeit: 12 Std.
Backzeit: 15 Min.	Gesamt ca.: 5400 kcal

Stutenmännchen

Für 4 Männchen
500 g Mehl
1 Prise Salz
1 Päckchen Trockenhefe
1 TL gemahlener Anis
80 g Butter
150 ml lauwarme Milch
50 g Zucker
2 Eier
Für die Verzierung:
2 Eigelbe
2 EL Milch
Rosinen
Haselnusskerne (wer mag)
Mehl zum Arbeiten
Backpapier fürs Blech

Bestes Aroma: 4–5 Tage

1. Das Mehl in eine Schüssel sieben und mit Salz, Trockenhefe und Anis mischen. Die Butter schmelzen. Milch, Zucker und flüssige Butter verrühren und zur Mehlmischung geben. Mit den Eiern zu einem glatten, geschmeidigen Teig verkneten. Mit Mehl bestäuben und zugedeckt an einem warmen Ort ca. 40 Min. gehen lassen.

2. Den Teig auf bemehlter Arbeitsfläche nochmals durchkneten und etwas Teig beiseite stellen. Den Teig in 4 Portionen teilen und zu ca. 20 cm langen Rollen formen. Den Backofen vorheizen. Die Backbleche mit Backpapier belegen.

3. Aus den Rollen Männchen formen: An einem Ende den Kopf modellieren, den Rest der Rolle für den Körper flach drücken. Arme und Beine einschneiden und leicht vom Körper wegziehen. Die Männchen aufs Blech legen.

4. Für die Verzierung die Eigelbe mit Milch verquirlen und die Männchen damit bestreichen. Die Rosinen als Augen in den Kopf drücken, die Haselnüsse – oder ebenfalls Rosinen – als Knöpfe auf den Bauch setzen. Aus dem restlichen Teig kleine Kordeln drehen und als Halstuch ansetzen.

5. Die Stutenmännchen im Ofen bei 200° (Mitte, Umluft 180°) ca. 20 Min. backen. Mit dem Papier vom Blech ziehen und abkühlen lassen.

Varianten

Den Hefeteig wie beschrieben zubereiten.

Stutenpärchen
Ein Stutenpärchen auf festes Papier zeichnen und ausschneiden. Den Teig auf bemehlter Arbeitsfläche ca. 1 cm dick ausrollen. Die Schablone auflegen und 2 Pärchen ausschneiden. Auf ein mit Backpapier belegtes Blech legen, mit verquirltem Eigelb bestreichen und verzieren. Wie beschrieben backen.

Nikoläuse
Den Teig auf bemehlter Arbeitsfläche 1 cm dick ausrollen und Nikoläuse ausstechen. Auf ein mit Backpapier belegtes Blech legen und im Ofen bei 200° (Mitte, Umluft 180°) ca. 20 Min. backen. 200 g Puderzucker mit 4–5 EL heißem Wasser verrühren. Die Hälfte der Glasur mit 1 Tropfen roter Lebensmittelfarbe färben. Mit den Glasuren Mantel, Mütze und Bart aufmalen.

Hefesterne
Den Teig auf bemehlter Arbeitsfläche 1 cm dick ausrollen und große Sterne ausstechen. Auf ein mit Backpapier belegtes Backblech legen. 2 Eigelbe mit 2 EL Sahne verquirlen und die Sterne damit bestreichen. Mit kandierten Früchten, Nüssen und Kernen verzieren. Im Ofen bei 200° (Mitte, Umluft 180°) 15–20 Min. backen.

Zubereitung: 40 Min.	Ruhezeit: 40 Min.
Backzeit: 20 Min.	Pro Stück ca.: 735 kcal

Birnen-Dattel-Brot

Für 1 Kastenform von 30 cm Länge (16 Stück)
250 g getrocknete Birnen
250 g getrocknete Datteln
125 g Butter
150 g brauner Zucker
2 Eier
1 EL Rum (wer mag)
400 g Mehl
1/4 TL Salz
2 TL Backpulver
150 g gehackte Walnusskerne
Fett für die Form

Bestes Aroma: 3 Wochen

1. Die Birnen und Datteln in kleine Würfel schneiden. 300 ml Wasser zum Kochen bringen. Die Fruchtwürfel mit der Butter in eine Schüssel geben. Das heiße Wasser unter Rühren zufügen. Weiterrühren, bis die Butter geschmolzen ist. Abkühlen lassen.

2. Den Backofen vorheizen. Die Backform fetten. Zucker, Eier und Rum – wer mag – schaumig schlagen. Das Mehl mit Salz und Backpulver mischen und unterrühren. Die Walnusskerne und die Fruchtmischung unterheben.

3. Den Teig in die Form füllen. Im Ofen (Mitte, Umluft 160°) ca. 1 Std. backen. Das Birnen-Dattel-Brot leicht abgekühlt aus der Form lösen und auf einem Kuchengitter auskühlen lassen.

Tipp

Wickeln Sie das Brot in Alufolie und bewahren Sie es kühl auf.

Zubereitung: 45 Min.	
Backzeit: 1 Std.	Pro Stück ca.: 340 kcal

Honigkuchenherzen

Ergibt ca. 55 Stück
125 g Honig
125 g brauner Zucker
75 g Butter
1 Ei
300 g Mehl
1 Päckchen Backpulver
1 EL Lebkuchengewürz
100 g Zartbitterkuvertüre
Mehl zum Arbeiten
Backpapier fürs Blech

Bestes Aroma: 4–5 Wochen

1. Den Honig mit Zucker und Butter unter Rühren erhitzen, bis sich der Zucker gelöst hat. Leicht abkühlen lassen und das Ei einrühren. Mehl, Backpulver und Lebkuchengewürz mischen. Mit der Honigmasse rasch zu einem glatten Teig verkneten.

2. Den Backofen vorheizen. Die Backbleche mit Backpapier belegen. Den Teig auf bemehlter Arbeitsfläche 4–5 mm dick ausrollen. Herzen ausstechen und aufs Blech legen. Im Ofen bei 175° (Mitte, Umluft 160°) ca. 12 Min. backen. Auf einem Kuchengitter abkühlen lassen.

3. Die Kuvertüre grob hacken und im Wasserbad schmelzen lassen. Die Herzen damit überziehen oder bemalen und trocknen lassen.

Variante

200 g Puderzucker mit 2 EL Zitronensaft und 1–2 EL heißem Wasser zu einer dickflüssigen Glasur verrühren. Die Hälfte der Glasur mit 1 Tropfen roter Lebensmittelfarbe färben. Die Herzen halb weiß, halb rosa überziehen. Die Glasuren in der Mitte mit einem Holzstäbchen leicht ineinander ziehen.

Zubereitung: 55 Min.	
Backzeit: 12 Min.	Pro Stück ca.: 55 kcal

Ergibt ca. 30 Stück
150 g geschälte Mandeln
150 g Walnusskerne
150 g Haselnusskerne
300 g gemischte kandierte Früchte
2 TL Zimt
1/2 TL gemahlener Koriander
1/2 TL gemahlene Muskatnuss
1/2 TL Muskatblüte (Macis)
75 g Mehl
200 g Puderzucker
200 g Akazienhonig
3 rechteckige Oblaten (122 x 202 mm)
Puderzucker zum Bestäuben
Backpapier fürs Blech

Bestes Aroma: 3–4 Wochen

Info

Panforte, der berühmte toskanische Honig-Pfefferkuchen mit den pikanten Gewürzen, stammt ursprünglich aus Siena. Die berühmte Spezialität wird dort schon seit Jahrhunderten gebacken.

Toskanische Weihnachtsschnitten

1. Die Mandeln, Walnusskerne und Haselnusskerne in einer Pfanne ohne Fett goldgelb rösten. Abkühlen lassen und grob hacken. Die kandierten Früchte in kleine Würfel schneiden. Die Nüsse, Fruchtwürfel und Gewürze mit dem Mehl mischen.

2. Den Puderzucker mit Honig erhitzen und unter Rühren 2 Min. köcheln lassen. Vom Herd nehmen und mit der Frucht-Mehl-Mischung rasch zu einer glatten Masse verrühren. Abkühlen lassen.

3. Den Backofen vorheizen. Das Backblech mit Backpapier belegen. Die Honig-Frucht-Masse gleichmäßig auf die Oblaten streichen. Die Oblaten aufs Blech legen und im Ofen bei 160° (Mitte, Umluft 140°) 25 Min. backen. Mit dem Papier vom Blech ziehen. Die Oblaten noch warm in je 10 Rechtecke schneiden und auskühlen lassen.

Tipp

Die toskanischen Weihnachtsschnitten schmecken auch mit Pekannüssen.

Variante

Italienisches Früchtebrot
Die Honig-Frucht-Masse wie beschrieben zubereiten. Eine Springform (22–24 cm Ø) mit Backpapier auslegen. Die Fruchtmasse gleichmäßig darin verstreichen und im Ofen bei 160° (Mitte, Umluft 140°) 25 Min. backen. Leicht abgekühlt aus der Form lösen.
50 g Puderzucker mit 1 Päckchen Vanillezucker und 1 Prise Zimt mischen und das Früchtebrot dick damit bestäuben. In Rauten oder Dreiecke schneiden.

⏲ Zubereitung: 1 Std. 15 Min.	
⏲ Backzeit: 25 Min.	Pro Stück ca.: 165 kcal

Pfeffernüsse

Ergibt ca. 80 Stück
30 g Zitronat
2 Eier
250 g Zucker
1/2 TL Zimt
1/2 TL gemahlener Piment (Nelkenpfeffer)
1 Prise gemahlene Muskatnuss
1 Prise gemahlener weißer Pfeffer
1 Prise gemahlener Kardamom
250 g Mehl
1 TL Backpulver
Backpapier fürs Blech

Bestes Aroma: 4 Wochen

1. Das Zitronat fein hacken. Die Eier mit Zucker schaumig schlagen. Zitronat, Zimt, Piment, Muskatnuss, weißen Pfeffer, Kardamom, Mehl und Backpulver mischen. Mit der Eimasse rasch zu einem glatten Teig verkneten. In Frischhaltefolie wickeln und 30 Min. kühl stellen.

2. Die Backbleche mit Backpapier belegen. Aus dem Teig walnussgroße Kugeln formen und aufs Blech legen. 12 Std. trocknen lassen.

3. Den Backofen vorheizen. Die Pfeffernüsse an der Unterseite etwas anfeuchten. Im Ofen bei 175° (Mitte, nicht mit Umluft) 15–20 Min. backen, bis die Kugeln Risse bekommen. Mit dem Papier vom Blech ziehen und abkühlen lassen.

Variante

150 g Puderzucker mit 1 EL Mandellikör und 1–2 EL Wasser verrühren. 100 g Vollmilchkuvertüre mit 1 TL Öl im Wasserbad schmelzen lassen. Die Hälfte der Pfeffernüsse mit Schokoguss, die andere Hälfte mit Zuckerguss überziehen. Mit Zuckerperlen oder Mini-Marzipanherzen verzieren.

Zubereitung: 1 Std.	Ruhezeit: 30 Min. + 12 Std.
Backzeit: 20 Min.	Pro Stück ca.: 25 kcal

Spekulatius (Ausstecherli)

Ergibt ca. 60 Stück
200 g weiche Butter
50 g Marzipanrohmasse
150 g brauner Zucker
1 Ei
1 TL Kakao
2 TL Spekulatiusgewürz
300 g Mehl
100 g geschälte gemahlene Mandeln
100 g Mandelblättchen (wer mag)
Mehl zum Arbeiten
Backpapier fürs Blech

Bestes Aroma: 6 Wochen

1. Die Butter mit Marzipan und Zucker schaumig schlagen. Ei, Kakao und Spekulatiusgewürz unterrühren. Mit Mehl und Mandeln rasch zu einem glatten Teig verkneten. In Frischhaltefolie wickeln und 1 Std. kühl stellen.

2. Den Backofen vorheizen. Die Backbleche mit Backpapier belegen und mit Mandelblättchen – wer mag – bestreuen. Den Teig auf bemehlter Arbeitsfläche 3–4 mm dick ausrollen. Beliebige Motive ausstechen und aufs Blech legen. Im Ofen bei 175° (Mitte, Umluft 160°) 12–15 Min. backen. Abkühlen lassen und vom Blech lösen.

Tipps

Wer kein Spekulatiusgewürz hat, mischt 1/2 TL Zimt mit je 1 Prise gemahlenem Kardamom, Nelken und Muskatblüte (Macis).
Verzieren Sie die Konturen der Plätzchen mit einer dickflüssigen Puderzuckerglasur oder überziehen Sie das Gebäck mit Zuckersirup. Dafür 4 EL Wasser mit 2 EL Zucker unter Rühren erhitzen und leicht einkochen lassen.

Zubereitung: 1 Std.	Kühlzeit: 1 Std.
Backzeit: 15 Min.	Pro Stück ca.: 75 kcal

Last-Minute-Plätzchen

& Weihnachtskuchen

Noch drei Tage bis Weihnachten und die Plätzchenvorräte sind schon vernascht? Vielleicht sind Sie auch noch gar nicht zum Backen gekommen? Das macht gar nichts: Die Plätzchen auf den folgenden Seiten können Sie im Handumdrehen zubereiten, und sie schmecken frisch sowieso am besten. Wenn Sie nach den süßen Genüssen in der Adventszeit keine Plätzchen mehr sehen können, servieren Sie zum Weihnachtskaffee doch zur Abwechslung eine der erfrischenden Torten.

Makronenplätzchen

Ergibt ca. 45 Stück
200 g weiche Butter, 1 Ei
100 g Puderzucker, 300 g Mehl
150 g Marzipanrohmasse
50 g Puderzucker
1 Eigelb, 1 EL Zitronensaft
50 g Mandeln (ersatzweise bunte Belegkirschen)
Mehl zum Arbeiten, Backpapier fürs Blech

Bestes Aroma: 1–2 Wochen

1. Butter, Ei und Puderzucker schaumig schlagen. Mit Mehl zu einem glatten Teig verkneten. In Frischhaltefolie wickeln und 30 Min. kühl stellen. Den Backofen vorheizen. Die Backbleche mit Backpapier belegen. Marzipan, Puderzucker, Eigelb und Zitronensaft verrühren. Die Kirschen halbieren.

2. Den Teig auf bemehlter Arbeitsfläche ca. 3 mm dick ausrollen. Kreise (ca. 4 cm Ø) ausstechen und aufs Blech legen. Die Marzipanmasse in einen Spritzbeutel mit kleiner Sterntülle füllen und ringförmig auf die Plätzchen spritzen. Je 1 Mandel darauf setzen. Im Ofen bei 175° (Mitte, Umluft 160°) ca. 10 Min. backen. Mit dem Papier vom Blech ziehen und abkühlen lassen.

Zubereitung: 30 Min.	Kühlzeit: 30 Min.
Backzeit: 10 Min.	Pro Stück ca.: 90 kcal

Doppeldecker

Ergibt ca. 35 Stück
150 g weiche Butter, 3 EL Honig
1 Päckchen Vanillezucker
1 Ei, 2 EL Milch
200 g Mehl + 150 g Weizenvollkornmehl
1 EL Kakao
150 g Honig-Nougat (Reformhaus, ersatzweise Nougat)
Kakao zum Bestäuben
Mehl zum Arbeiten, Backpapier fürs Blech

Bestes Aroma: 2 Wochen

1. Butter, Honig, Vanillezucker, Ei und Milch schaumig schlagen. Mit Mehl und Kakao zu einem glatten Teig verkneten. In Frischhaltefolie wickeln und 30 Min. kühl stellen.

2. Den Backofen vorheizen. Die Backbleche mit Backpapier belegen. Den Teig auf bemehlter Arbeitsfläche ca. 3 mm dick ausrollen. Quadrate (ca. 4 x 4 cm) ausstechen und aufs Blech legen. Im Ofen bei 175° (Mitte, Umluft 160°) ca. 15 Min. backen. Mit dem Papier vom Blech ziehen und abkühlen lassen. Honig-Nougat im Wasserbad schmelzen lassen. Je 2 Plätzchen damit zusammensetzen und dick mit Kakao bestäuben.

Zubereitung: 30 Min.	Kühlzeit: 30 Min.
Backzeit: 15 Min.	Pro Stück ca.: 105 kcal

Ingwerkekse

Ergibt ca. 50 Stück

1 TL frischer Ingwer (ersatzweise 1 TL Ingwerpulver)
75 g Butter, 125 g Zucker
1 Päckchen Vanillezucker
1 Ei, 2 EL Milch
275 g Mehl, 1 TL Backpulver
Mehl zum Arbeiten, Backpapier fürs Blech

Bestes Aroma: 2 Wochen

1. Den Ingwer in feine Stifte schneiden. Die Butter mit Zucker, Vanillezucker, Ei, Milch und den Ingwerstiften schaumig schlagen. Mehl und Backpulver unterkneten. Den Backofen vorheizen. Die Backbleche mit Backpapier belegen.

2. Den Teig auf bemehlter Arbeitsfläche 4–5 mm dick ausrollen. Mit einer bemehlten feinen Gemüsereibe ein Muster eindrücken. Kreise (3–4 cm Ø) ausstechen und aufs Blech legen. Im Ofen bei 175° (Mitte, Umluft 160°) ca. 12 Min. backen. Mit dem Papier vom Blech ziehen und abkühlen lassen.

Zubereitung: 30 Min.
Backzeit: 12 Min.
Pro Stück ca.: 40 kcal

Schokoladina

Ergibt ca. 25 Stück

150 g Kokosfett
150 g Zartbitterschokolade
100 g Zucker
100 g Trockenfrüchte (Birnen, Ananas)
50 g gehackte Haselnüsse
2 Eier
6 Oblaten (12 x 20 cm)

Bestes Aroma: 2 Wochen

1. Das Kokosfett mit Schokolade im Wasserbad schmelzen lassen. Den Zucker unterrühren. Die Trockenfrüchte grob hacken und mit den Nüssen im Mixer zerkleinern. Unter die Schokoladenmasse ziehen. Vom Herd nehmen und die Eier unterschlagen. Die zähflüssige Masse abkühlen lassen.

2. 1 Oblate mit Schokomasse bestreichen, die nächste darauf setzen, diese wieder mit Schokomasse bestreichen und so fort. Den Abschluss bildet 1 Oblate. Mit Frischhaltefolie abdecken und mit einem Brett beschwert 12 Std. kühl stellen. In ca. 1 x 1 cm große Würfel schneiden. Kühl und trocken aufbewahren.

Zubereitung: 25 Min.
Kühlzeit: 12 Std.
Pro Stück ca.: 135 kcal

Schnelle Lebkuchen (Nürnberger Lebkuchen)

Ergibt ca. 35 Stück
125 g Zitronat
2 Eier
125 g Zucker
1/2 TL Zimt
1/4 TL gemahlene Nelken
1 Prise gemahlene Muskatnuss
1 Prise Muskatblüte (Macis)
2 Tropfen Bittermandelöl
220 g gemahlene Mandeln
50 g gehackte Mandeln
Für die Verzierung:
150 g Puderzucker
2 EL lauwarme Milch
Backpapier fürs Blech

Bestes Aroma: 10 Tage

1. Das Zitronat fein hacken. Die Eier mit Zucker dickschaumig schlagen. Zimt, Nelken, Muskatnuss, Muskatblüte und Bittermandelöl einrühren. Gemahlene und gehackte Mandeln und das Zitronat unterziehen.

2. Die Backbleche mit Backpapier belegen. Mit 2 Teelöffeln kleine Teighäufchen aufs Blech setzen. Die Lebkuchen in den kalten Backofen schieben und bei 175° (Mitte, Umluft 160°) 15–20 Min. backen. Mit dem Papier vom Blech ziehen.

3. Für die Verzierung den Puderzucker mit Milch verrühren und die noch warmen Lebkuchen damit überziehen.

Deko-Tipp

Sieht hübsch aus: Verzieren Sie die Lebkuchen zusätzlich noch mit buntem Streuzucker.

Zubereitung: 25 Min.
Backzeit: 20 Min.
Pro Stück ca.: 85 kcal

Gewürzsterne

Ergibt ca. 35 Stück
150 g weiche Butter
50 g Puderzucker
1 Ei
1 TL Lebkuchengewürz
1 TL Kakao
150 g gemahlene Haselnüsse
150 g Mehl
Für die Verzierung:
200 g Puderzucker
2–3 EL Zitronensaft
1 TL Kirschwasser (ersatzweise Wasser)
50 g Belegkirschen
1 Stück Zitronat
Mehl zum Arbeiten
Backpapier fürs Blech

Bestes Aroma: 2 Wochen

1. Die Butter mit Puderzucker schaumig schlagen. Ei, Lebkuchengewürz, Kakao und Haselnüsse unterrühren. Mit dem Mehl rasch zu einem glatten Teig verkneten. In Frischhaltefolie wickeln und 30 Min. kühl stellen.

2. Den Backofen vorheizen. Die Backbleche mit Backpapier belegen. Den Teig auf bemehlter Arbeitsfläche 3–4 mm dick ausrollen. Sterne ausstechen und aufs Blech legen. Im Ofen bei 175° (Mitte, Umluft 160°) ca. 8 Min. backen. Mit dem Papier vom Blech ziehen und abkühlen lassen.

3. Für die Verzierung den Puderzucker mit Zitronensaft und Kirschwasser zu einem dickflüssigen Guss verrühren. Die Belegkirschen achteln, das Zitronat in feine Streifen schneiden. Die Gewürzsterne mit der Glasur überziehen und mit Belegkirschen und Zitronat verzieren.

Zubereitung: 30 Min.
Backzeit: 8 Min.
Kühlzeit: 30 Min.
Pro Stück ca.: 110 kcal

Schwarz-Weiß-Gebäck

Ergibt ca. 60 Stück
300 g weiche Butter
150 g Puderzucker
1 Päckchen Vanillezucker
400 g Mehl
2 EL Kakao
1 Eiweiß
Mehl zum Arbeiten
Backpapier fürs Blech

Bestes Aroma: 3–4 Wochen

Tipp

Die Teigblöcke müssen vor dem Schneiden wirklich gut durchgekühlt sein. Am besten stellen Sie die Blöcke über Nacht in den Kühlschrank.

1. Die Butter mit Puderzucker und Vanillezucker schaumig schlagen. Mit dem Mehl rasch zu einem glatten Teig verkneten. Den Teig in 2 Portionen teilen, 1 Portion mit Kakao verkneten. Die Teige in Frischhaltefolie wickeln und 1 Std. kühl stellen.

2. Den hellen und den dunklen Teig jeweils in 2 Portionen teilen. 1 helle und 1 dunkle Teigportion auf bemehlter Arbeitsfläche zu einem ca. 1 cm dicken Rechteck ausrollen und in je 6 Streifen (ca. 1 cm breit) schneiden. Das Eiweiß verquirlen.

3. Für die untere Lage nebeneinander einen hellen, einen dunklen und wieder einen hellen Streifen legen, leicht aneinander drücken und die Oberfläche mit Eiweiß bestreichen. Darauf eine Lage aus 1 dunklen, 1 hellen und wieder 1 dunklen Streifen setzen, leicht andrücken und bestreichen. Nach diesem Prinzip noch 2 Lagen darauf schichten. Den Quader einmal quer durchschneiden.

4. Die zweite Portion des hellen und dunklen Teigs jeweils ca. 2 mm dick ausrollen. Die Oberfläche mit Eiweiß bestreichen. 1 Quader mit der hellen und 1 Quader mit der dunklen Teigplatte umhüllen, fest andrücken. In Frischhaltefolie wickeln und 1 Std. kühl stellen.

5. Den Backofen vorheizen. Die Backbleche mit Backpapier belegen. Die Teigblöcke mit einem scharfen Messer in 4 mm dicke Scheiben schneiden und aufs Blech legen. Im Ofen bei 175° (Mitte, Umluft 160°) ca. 12 Min. backen. Mit dem Papier vom Blech ziehen und abkühlen lassen.

Varianten

Hellen und dunklen Teig wie im Grundrezept beschrieben zubereiten. Auf bemehlter Arbeitsfläche jeweils zu einem 3–4 mm dicken Rechteck ausrollen. Den hellen Teig mit Eiweiß bestreichen. Den dunklen Teig auflegen, leicht andrücken und von der Längsseite her aufrollen. 1 Std. kühl stellen. Den Backofen vorheizen. Die Backbleche mit Backpapier belegen. Die Rolle in 4 mm dicke Scheiben schneiden und aufs Blech legen. Im Ofen bei 175° (Mitte, Umluft 160°) ca. 12 Min. backen.
Hellen und dunklen Teig wie im Grundrezept beschrieben zubereiten. Jeweils in 2 Portionen teilen und zu Rollen formen. Etwas flach drücken. An den abgeflachten Oberflächen mit Eiweiß bestreichen und schachbrettartig aufeinander setzen. Fest andrücken und 1 Std. kühl stellen. Den Teigblock in 1 cm dicke Scheiben schneiden und auf ein mit Backpapier belegtes Blech legen. Im Ofen bei 175° (Mitte, Umluft 160°) ca. 12 Min. backen.

Zubereitung: 1 Std.	Kühlzeit: 2 Std.
Backzeit: 12 Min.	Pro Stück ca.: 70 kcal

Wolkenstreifen

Ergibt ca. 50 Stück
75 g Butter
3 Eier
200 g Mehl
75 g Zucker
2 EL Sahne
125 g Puderzucker
1/2 TL Zimt
1 Prise gemahlene Muskatnuss
50 g gehackte Mandeln
50 g Orangeat
30 g gehackte Pistazien
Mehl zum Arbeiten
Backpapier fürs Blech

Bestes Aroma: 1–2 Wochen

1. Die Butter schmelzen. Die Eier trennen, die Eiweiße beiseite stellen. Das Backblech mit Backpapier belegen. Das Mehl in eine Schüssel sieben. Mit Zucker, Eigelben, Sahne und der flüssigen Butter rasch zu einem glatten Teig verkneten. Den Teig auf bemehlter Arbeitsfläche ausrollen und aufs Blech legen. Den Backofen vorheizen.

2. Für den Belag die Eiweiße steif schlagen. Dabei den Puderzucker einrieseln lassen. Zimt, Muskatnuss und die Mandeln unterheben. Die Eiweißmasse gleichmäßig auf dem Teig verstreichen.

3. Das Orangeat sehr fein hacken. Die Teigplatte mit einem Teigrädchen in Rechtecke (ca. 3 x 6 cm) schneiden. Mit Orangeat und Pistazien bestreuen.

4. Im Ofen bei 160° (unten, Umluft 140°) ca. 20 Min. backen. Die Oberfläche darf nicht bräunen. Auf dem Blech abkühlen lassen, dann erst vorsichtig lösen.

Zubereitung: 30 Min.
Backzeit: 20 Min.
Pro Stück ca.: 60 kcal

Orangenrauten

Ergibt ca. 60 Stück
375 g Mehl
100 g Zucker
2 Päckchen Orangenzucker
1 Ei
200 g kalte Butter
Für Füllung und Verzierung:
200 g Orangenmarmelade
1 EL Orangenlikör (wer mag)
3 kandierte Orangenscheiben
Mehl zum Arbeiten
Backpapier fürs Blech

Bestes Aroma: 1–2 Wochen

Tipp

Sie können den ausgerollten Teig auch mit einem Teigrädchen zuerst in Streifen, dann in Rauten schneiden.

1. Das Mehl in eine Schüssel sieben. Mit Zucker, Orangenzucker, Ei und Butter in Flöckchen rasch zu einem glatten Teig verkneten. In Frischhaltefolie wickeln und 1 Std. kühl stellen.

2. Den Backofen vorheizen. Das Backblech mit Backpapier belegen. Den Teig auf bemehlter Arbeitsfläche 2–3 mm dick ausrollen. Mit einer gezackten Ausstechform Rauten (ca. 3 cm) ausstechen und aufs Blech legen. Im Ofen bei 175° (Mitte, Umluft 160°) ca.12 Min. backen. Mit dem Papier vom Blech ziehen und abkühlen lassen.

3. Für die Füllung die Orangenmarmelade kurz aufkochen lassen und den Orangenlikör – wer mag – unterrühren. Je 2 Plätzchen mit etwas Marmelade zusammensetzen.

4. Die restliche Marmelade durch ein Sieb streichen, nochmals kurz erhitzen und die Plätzchen damit überziehen. Die kandierten Orangenscheiben in kleine Stücke schneiden und das Gebäck damit verzieren. Gut trocknen lassen.

Zubereitung: 50 Min.
Backzeit: 12 Min.
Kühlzeit: 1 Std.
Pro Stück ca.: 65 kcal

Spritzgebäck

Ergibt ca. 40 Stück
220 g weiche Butter
80 g Puderzucker
1 Päckchen Vanillezucker
1 Ei
1 Eigelb
1 TL abgeriebene Zitronenschale
250 g Mehl
50 g Speisestärke
Backpapier fürs Blech

Bestes Aroma: 3–4 Wochen

Deko-Tipp

Sie können das Gebäck auch mit einer Gebäckspritze in verschiedenen Formen aufs Blech spritzen.

1. Die Butter mit Puderzucker und Vanillezucker schaumig schlagen. Ei, Eigelb und Zitronenschale einrühren. Das Mehl mit Speisestärke mischen und unter Rühren hinzufügen.

2. Den Backofen vorheizen. Die Backbleche mit Backpapier belegen. Den Teig in einen Spritzbeutel mit großer Sterntülle füllen. In Form von Schleifen, Kringeln oder der klassischen »S«-Form aufs Blech spritzen. Im Ofen bei 175° (Mitte, Umluft 160°) in 10–15 Min. goldgelb backen.

3. Die Plätzchen mit dem Papier vom Blech ziehen und abkühlen lassen.

Variante

Nussspritzgebäck
150 g Haselnusskerne in einer Pfanne ohne Fett leicht anrösten. 220 g weiche Butter mit 80 g Puderzucker, 1 Ei und 1 Eigelb schaumig schlagen. Die Haselnüsse, 1/4 TL Zimt und 150 g Mehl unterrühren.
Den Backofen vorheizen. Die Backbleche mit Backpapier belegen. Den Teig in einen Spritzbeutel mit großer Sterntülle füllen und beliebige Formen aufs Blech spritzen. Im Ofen bei 175° (Mitte, Umluft 160°) in 10–15 Min. goldgelb backen.

Varianten

Orangenspritzgebäck
220 g weiche Butter mit 80 g Puderzucker und 2 Päckchen Orangenzucker schaumig schlagen. 1 Ei und 1 Eigelb einrühren. 250 g Mehl mit 50 g Speisestärke mischen und rasch unterrühren. Den Backofen vorheizen. Die Backbleche mit Backpapier belegen. Den Teig in einen Spritzbeutel mit großer Sterntülle füllen und 4–6 cm lange Stangen aufs Blech spritzen. Im Ofen bei 175° (Mitte, Umluft 160°) in 10–15 Min. goldgelb backen. 100 g Schokoladenglasur (Fertigprodukt) im Wasserbad schmelzen lassen. Das Spritzgebäck mit einem Ende in die Glasur tauchen und auf einem Kuchengitter trocknen lassen.

Schokoladenspritzgebäck
220 g weiche Butter mit 80 Puderzucker und 1 Päckchen Vanillezucker schaumig schlagen. 1 Ei, 1 Eigelb und 2 TL Kakao einrühren. 250 g Mehl mit 50 g Speisestärke mischen und rasch unterrühren. Die Masse in einen Spritzbeutel mit großer Sterntülle füllen und ca. 5 cm lange Stangen auf das mit Backpapier belegte Blech spritzen. Wie beschrieben backen. Das Gebäck zur Hälfte mit erwärmter Schokoladenglasur – wer mag – überziehen.

Zubereitung: 30 Min.
Backzeit: 15 Min.

Pro Stück ca.: 80 kcal

Marzipanplätzchen

Ergibt ca. 20 Stück
400 g Marzipanrohmasse
1 unbehandelte Orange
200 g Puderzucker
1 Ei
20 Cocktailkirschen (aus dem Glas)
Backpapier fürs Blech

Bestes Aroma: 2 Wochen

1. Das Marzipan in kleinere Stücke schneiden. Die Orange waschen, abtrocknen und die Schale dünn abreiben. Mit dem Puderzucker unter das Marzipan kneten.

2. Den Teig zwischen Frischhaltefolie 4–5 mm dick ausrollen. Herzen, Sterne oder Kreise ausstechen. Bei der Hälfte der Plätzchen in der Mitte einen kleinen Kreis ausstechen. Den Backofen vorheizen. Das Backblech mit Backpapier belegen.

3. Das Ei trennen, das Eiweiß verquirlen. Die Teigrohlinge ohne Loch aufs Blech legen und dünn mit Eiweiß bestreichen. Je 1 Teigring auflegen und leicht andrücken. Mit einem Holzspießchen feine Muster eindrücken.

4. Das Eigelb verquirlen und die Plätzchen damit bestreichen. Im Ofen bei 220° (Mitte, Umluft 200°) in 2–4 Min. bräunen lassen. Mit dem Papier vom Blech ziehen, in die Mitte 1 Cocktailkirsche setzen und abkühlen lassen.

Zubereitung: 30 Min.
Backzeit: 4 Min.
Pro Stück ca.: 145 kcal

Mandelinchen

Ergibt ca. 30 Stück
200 g Marzipanrohmasse
100 g geschälte gemahlene Mandeln
1 Eiweiß
75 g Puderzucker
1 EL Zitronensaft
1 EL Mandellikör (ersatzweise 1 EL Zitronensaft)
75 g Mehl
Für die Verzierung:
1 Eigelb
30 geschälte Mandelhälften
Backpapier fürs Blech

Bestes Aroma: 1–2 Wochen

1. Das Marzipan in Stücke schneiden. Mit Mandeln, Eiweiß, Puderzucker, Zitronensaft, Mandellikör und Mehl zu einem glatten Teig verkneten. Zu einer Rolle formen.

2. Den Backofen vorheizen. Das Backblech mit Backpapier belegen. Die Teigrolle in 30 Scheiben schneiden, Kugeln formen und aufs Blech legen.

3. Das Eigelb verquirlen. Die Plätzchen damit bestreichen. Je 1 Mandelhälfte in die Mitte drücken. Im Ofen bei 160° (Mitte, Umluft 140°) 10–12 Min. backen. Mit dem Papier vom Blech ziehen und abkühlen lassen.

Variante

Bestreichen Sie die Mandelinchen mit Eigelb statt mit Eiweiß. Drücken Sie je 1 Mandelhälfte in die Mitte und setzen Sie die Mandelinchen in kleine, bunte Papier-Backförmchen. Wie beschrieben backen.

Zubereitung: 20 Min.
Backzeit: 12 Min.
Pro Stück ca.: 80 kcal

Ergibt ca. 40 Stück
250 g Mehl, 1 Prise Salz
50 g geschälte gemahlene Mandeln
125 g Puderzucker
150 g kalte Butter, 1 Ei
Für die Verzierung:
200 g Puderzucker
4 EL Zitronensaft
1 EL Kokoslikör (ersatzweise Wasser)
50 g Kokosflocken
Mehl zum Arbeiten
Backpapier fürs Blech

Bestes Aroma: 2–3 Wochen

Schneebäumchen

1. Das Mehl mit Salz, Mandeln und Puderzucker auf die Arbeitsfläche geben. Mit der Butter in Flöckchen und dem Ei rasch zu einem glatten Teig verkneten. In Frischhaltefolie wickeln und 30 Min. kühl stellen.

2. Den Backofen vorheizen. Die Backbleche mit Backpapier belegen. Den Teig auf bemehlter Arbeitsfläche 3–4 mm dick ausrollen. Tannenbäume ausstechen und aufs Blech legen. Im Ofen bei 175° (Mitte, Umluft 160°) ca. 10 Min. backen. Mit dem Papier vom Blech ziehen und abkühlen lassen.

3. Für die Verzierung den Puderzucker mit Zitronensaft und Kokoslikör zu einem glatten Guss verrühren. Die abgekühlten Bäumchen damit überziehen und sofort mit Kokosflocken bestreuen.

Deko-Tipp

Färben Sie den Zuckerguss mit 1 Tropfen Lebensmittelfarbe grün. Wer mag, verziert die Bäumchen noch mit Zuckerperlen.

Zubereitung: 40 Min.	Kühlzeit: 30 Min.
Backzeit: 10 Min.	Pro Stück ca.: 100 kcal

Ergibt ca. 40 Stück
150 g weiche Butter
100 g Puderzucker
1 Eigelb
1/2 TL gemahlener Anis
250 g Mehl
Für die Verzierung:
200 g Puderzucker
1 TL Himbeersirup
4–5 EL lauwarme Milch
Hagelzucker zum Bestreuen
Mehl zum Arbeiten
Backpapier fürs Blech

Bestes Aroma: 3 Wochen

Wintersterne

1. Die Butter mit Puderzucker und Eigelb schaumig schlagen. Mit Anis und Mehl rasch zu einem glatten Teig verkneten. In Frischhaltefolie wickeln und 30 Min. kühl stellen.

2. Den Backofen vorheizen. Die Backbleche mit Backpapier belegen. Den Teig auf bemehlter Arbeitsfläche 3–4 mm dick ausrollen. Sterne in verschiedenen Größen ausstechen und aufs Blech legen. Im Ofen bei 175° (Mitte, Umluft 160°) ca. 12 Min. backen. Mit dem Papier vom Blech ziehen und abkühlen lassen.

3. Für die Verzierung den Puderzucker mit Himbeersirup und Milch zu einem glatten Guss verrühren. Die Sterne damit überziehen und mit Hagelzucker bestreuen.

Zubereitung: 40 Min.	Kühlzeit: 30 Min.
Backzeit: 12 Min.	Pro Stück ca.: 80 kcal

Schokoladen-Igel

Ergibt ca. 34 Stück
2 Eiweiße
1 Prise Salz
150 g Zucker
250 g gemahlene Mandeln
1/4 TL gemahlener Kardamom
1 EL Speisestärke
1 EL Kakao
1 EL Aprikosenkonfitüre
60 g Mandelstifte
Für die Verzierung:
100 g Zartbitterkuvertüre
100 g weiße Kuvertüre
2 TL Öl
Backpapier fürs Blech

Bestes Aroma: 1–2 Wochen

1. Die Eiweiße mit Salz steif schlagen. Zucker, Mandeln, Kardamom, Speisestärke und Kakao mischen. Mit dem Eischnee und der Aprikosenkonfitüre zu einem glatten, geschmeidigen Teig verkneten.

2. Den Backofen vorheizen. Die Backbleche mit Backpapier belegen. Aus dem Teig walnussgrosse Kugeln formen, aufs Blech legen und etwas flach drücken. Die Mandelstifte wie Igelstacheln in die Kugeln stecken. Im Ofen bei 160° (Mitte, Umluft 140°) ca. 15 Min. backen. Mit dem Papier vom Blech ziehen und abkühlen lassen.

3. Für die Verzierung beide Kuvertüren jeweils grob hacken. Getrennt mit je 1 TL Öl im Wasserbad schmelzen lassen. Die Hälfte der Igel mit Zartbitterkuvertüre, die andere Hälfte mit weißer Kuvertüre überziehen. Auf einem Kuchengitter trocknen lassen.

🕓 Zubereitung: 30 Min.
🕓 Backzeit: 15 Min.

Pro Stück ca.: 105 kcal

Weihnachtsmuffins

Für 1 Mini-Muffinblech
Ergibt ca. 36 Stück
150 g Honig
75 g brauner Zucker
75 g Butter, 3 EL Milch
2 TL Lebkuchengewürz
2 Eier
250 g Mehl, 1 TL Backpulver
1 EL Kakao
50 g Schokoladenraspel
1 Glas Amarenakirschen (450 g Inhalt)
Puderzucker zum Bestäuben
Fett für die Form oder kleine Papierförmchen

Bestes Aroma: 5 Tage

1. Den Honig mit Zucker, Butter und Milch unter Rühren erwärmen, bis sich der Zucker gelöst hat. Das Lebkuchengewürz einrühren und abkühlen lassen.

2. Die Eier in die Honigmasse rühren. Das Mehl mit Backpulver und Kakao mischen und mit der Raspelschokolade unter die Honigmasse ziehen.

3. Den Backofen vorheizen. Das Muffinblech fetten. Ein Drittel des Teigs in die 12 Vertiefungen füllen und je 1 Kirsche in die Teigmitte drücken. Im Ofen bei 175° (Mitte, Umluft 160°) 15–20 Min. backen. Leicht abgekühlt aus den Formen lösen und mit Puderzucker bestäuben. Auf gleiche Weise noch 24 Mini-Muffins backen. Auf einem Kuchengitter auskühlen lassen.

Deko-Tipp

Mit Vollmilchglasur (Fertigprodukt) überzogen und mit kleinen Schokosternchen (Fertigprodukt) bestreut, sehen die Muffins besonders festlich aus.

🕓 Zubereitung: 30 Min.
🕓 Backzeit: 20 Min.

Pro Stück ca.: 80 kcal

Fixe Stollenplätzchen

Ergibt ca. 30 Stück
2 Eier, 75 g weiche Butter
125 g Zucker
2 EL Milch
275 g Mehl
Für die Füllung:
150 g Marzipanrohmasse
1 TL abgeriebene Zitronenschale
100 g Rumrosinen
50 g gehackte Mandeln
50 g Zitronat
Puderzucker zum Bestäuben
Mehl zum Arbeiten
Backpapier fürs Blech

Bestes Aroma: 2 Wochen

1. 1 Ei trennen, das Eiweiß beiseite stellen. Die Butter mit Zucker, 1 Ei, dem Eigelb und Milch schaumig schlagen. Mit dem Mehl rasch zu einem glatten Teig verkneten. Den Teig auf bemehlter Arbeitsfläche zu einem Rechteck (ca. 25 x 30 cm) ausrollen.

2. Für die Füllung das Eiweiß verquirlen und die Teigplatte damit bestreichen. Das Marzipan reiben und gleichmäßig auf der Teigplatte verteilen. Zitronenschale, Rumrosinen, Mandeln und Zitronat mischen und auf den Teig streuen. Von der Längsseite her aufrollen. Die Rolle etwas flach drücken.

3. Den Backofen vorheizen. Die Backbleche mit Backpapier belegen. Die Rolle in 30 Scheiben schneiden und aufs Blech legen. Im Ofen bei 200° (Mitte, Umluft 180°) ca. 20 Min. backen. Mit dem Papier vom Blech ziehen, dick mit Puderzucker bestäuben und abkühlen lassen.

Zubereitung: 30 Min.
Backzeit: 20 Min.
Pro Stück ca.: 120 kcal

Schoko-Kokos-Rauten

Ergibt ca. 70 Stück
200 g Zartbitterschokolade
100 ml Milch
2 TL Instant-Espressopulver
5 Eier, 1 Prise Salz
100 g Zucker
200 g Kokosflocken
3 EL Preiselbeerkonfitüre
Für die Verzierung:
200 g Puderzucker
4–5 EL frisch gebrühter Espresso
1 TL Kakao
Kokoschips zum Bestreuen (ersatzweise 2 EL Kokosflocken)
Backpapier fürs Blech

Bestes Aroma: 1 Woche

1. Die Schokolade in Stücke brechen. Milch und Espressopulver erwärmen. Die Schokolade darin bei geringer Hitze schmelzen lassen.

2. Die Eier trennen, die Eiweiße mit Salz steif schlagen. Die Eigelbe mit dem Zucker und der Schokomilch schaumig rühren. Den Eischnee und die Kokosflocken unterheben.

3. Den Backofen vorheizen. Das Backblech mit Backpapier belegen. Den Teig gleichmäßig aufs Blech streichen. Im Ofen bei 175° (unten, Umluft 160°) ca. 35 Min. backen. Die Preiselbeerkonfitüre erwärmen, durch ein Sieb streichen und das Gebäck damit bestreichen. In Rauten schneiden.

4. Für die Verzierung Puderzucker, Espresso und Kakao verrühren. Die Plätzchen damit überziehen und mit Kokoschips bestreuen. Vom Blech lösen und auf einem Kuchengitter auskühlen lassen.

Zubereitung: 45 Min.
Backzeit: 35 Min.
Pro Stück ca.: 55 kcal

Quittenbrot

Ergibt ca. 80 Stück
2 kg frische Quitten
1 kg Zucker
1 EL Orangenschale
grober Zucker zum Bestreuen
Backpapier fürs Blech
2 EL Öl fürs Blech

Bestes Aroma: 1 Monat

1. Die Quitten mit einem Tuch gründlich abreiben. Stiele und Blütenansätze entfernen. Die Früchte vierteln und mit Wasser bedeckt ca. 50 Min. kochen lassen. In einem Sieb abtropfen lassen. Das Quittenmus durch ein Sieb streichen und 1 kg abwiegen.

2. Das Quittenmark mit Zucker und Orangenschale zum Kochen bringen. Unter Rühren kochen lassen, bis sich die Masse vom Topfboden löst.

3. Ein Backblech mit Backpapier belegen und mit Öl bestreichen. Die Quittenmasse ca. 1 cm dick darauf streichen. Das Quittenbrot ca. 2 Tage trocknen lassen. Sobald sich die Oberfläche trocken anfühlt, wenden, damit die andere Seite trocknet.

4. Das Quittenbrot in Würfel oder Rauten schneiden und mit grobem Zucker bestreuen.

Tipps

Fangen Sie den Saft der Quitten beim Abtropfen auf. Daraus lässt sich ein leckeres Gelee kochen.
Sie können das Quittenbrot auch im Ofen bei 50° 3–4 Std. trocknen.
Besonders hübsch: Aus dem Quittenbrot Monde ausstechen und mit Zucker bestreuen.

Zubereitung: 30 Min.
Kochzeit: 50 Min.
Pro Stück ca.: 60 kcal

Pflaumenrolle

Ergibt ca. 25 Stück
200 g getrocknete Kurpflaumen
200 g Pflaumenmus
100 g getrocknete Feigen
75 g gehackte Mandeln (ersatzweise Pinienkerne)
50 g Rosinen
1 EL Pflaumenlikör (wer mag)
250 g Marzipanrohmasse

Bestes Aroma: 6 Wochen

1. Die Pflaumen kurz in heißes Wasser legen. Auf einem Sieb abtropfen lassen und fein hacken. Mit dem Pflaumenmus 5 Min. unter Rühren köcheln lassen.

2. Die Feigen fein würfeln. Mit Mandeln, Rosinen und Likör – wer mag – unter die Pflaumenmasse rühren. Abkühlen lassen.

3. Das Marzipan zwischen Frischhaltefolie zu einem Rechteck (ca. 14 x 22 cm) ausrollen. Die Fruchtmasse darauf streichen und von der Längsseite her aufrollen. In Frischhaltefolie wickeln und 12 Std. kühl stellen. Die Rolle in 5 mm dicke Scheiben schneiden. Kühl aufbewahren.

Zubereitung: 45 Min.
Kochzeit: 5 Min.
Kühlzeit: 12 Std.
Pro Stück ca.: 115 kcal

Glühweinstern

Für 1 Sternform von 1 l Inhalt (12 Stück)
250 g weiche Butter
100 g Zucker, 2 EL Honig
4 Eier
300 g Mehl
1 TL Backpulver
1/4 TL Zimt
1 TL Kakao
50 g gehackte Mandeln
100 ml Glühwein (ersatzweise Rotwein)
100 g Schokoladenraspel
Für die Verzierung:
150 g Puderzucker
3–4 EL Glühwein
Fett für die Form

Bestes Aroma: 1 Woche

1. Den Backofen vorheizen. Die Backform fetten und kühl stellen. Die Butter mit Zucker und Honig schaumig schlagen. Die Eier einzeln unterrühren. Mehl, Backpulver, Zimt, Kakao und Mandeln mischen. Abwechselnd mit dem Glühwein unter die Eimasse rühren. Die Schokoraspel unterheben.

2. Den Teig in die Form füllen. Im Ofen bei 175° (Mitte, Umluft 160°) ca. 50 Min. backen. Leicht abgekühlt aus der Form lösen und auf einem Kuchengitter auskühlen lassen.

3. Für die Verzierung den Puderzucker mit Glühwein zu einem dickflüssigen Guss verrühren und den Kuchen damit überziehen.

Zubereitung: 40 Min.	
Backzeit: 50 Min.	Pro Stück ca.: 440 kcal

Mohnkranz

Für 1 Kranzform von 28 cm Ø (16 Stück)
100 g Butter
1 Würfel Hefe (42 g)
250 ml lauwarme Milch
500 g Mehl, 1 Prise Salz
100 g Zucker
1 Päckchen Vanillezucker
2 Eier
Für die Füllung:
100 g Butter
100 g gemahlener Mohn
4 EL Honig
100 g Rumrosinen
Mehl zum Arbeiten
Fett für die Form

Bestes Aroma: 4–5 Tage

1. Die Butter schmelzen. Die Hefe zerbröckeln und in etwas Milch glatt rühren. Mehl und Salz in eine Schüssel sieben. Mit der angerührten Hefe, der restlichen Milch, Zucker, Vanillezucker und Eiern mischen. Mit der flüssigen Butter rasch zu einem glatten Teig verkneten. Zugedeckt an einem warmen Ort ca. 30 Min. gehen lassen.

2. Für die Füllung die Butter schmelzen. Den Mohn mit 200 ml kochendem Wasser übergießen und 5 Min. quellen lassen. Das überschüssige Wasser abgießen. Den Mohn mit Honig, Rumrosinen und der flüssigen Butter verrühren.

3. Die Backform fetten. Den Teig kräftig durchkneten, bis er sich vom Schüsselrand löst und Blasen wirft. Auf bemehlter Arbeitsfläche zu einem Rechteck ausrollen und die Mohnfüllung gleichmäßig darauf verstreichen. Den Teig von der Längsseite her aufrollen und mit der Nahtstelle nach unten in die Form legen. Zugedeckt nochmals 20 Min. gehen lassen.

4. Den Backofen vorheizen. Den Kranz im Ofen bei 200° (Mitte, Umluft 180°) ca. 50 Min. backen. Leicht abgekühlt aus der Form lösen und auf einem Kuchengitter auskühlen lassen.

Zubereitung: 45 Min.	Ruhezeit: 50 Min.
Backzeit: 50 Min.	Pro Stück ca.: 315 kcal

Marzipantorte

Für 1 Springform von 26 cm Ø (16 Stück)
6 Eier
1 Prise Salz
250 g Butter
250 g Zucker
350 g Mehl
1/4 TL Backpulver
Für die Füllung:
150 g Vollmilchschokolade
75 ml Sahne
250 g Orangenmarmelade
400 g Marzipanrohmasse
200 g Puderzucker
1 EL Orangenlikör (ersatzweise Orangensaft)
Backpapier für die Form

Bestes Aroma: 8–10 Tage

1. Den Backofen vorheizen. Den Boden der Backform mit Backpapier belegen. Die Eier trennen, die Eiweiße mit Salz steif schlagen. Die Butter mit Zucker und Eigelben schaumig schlagen. Den Eischnee darauf geben, das Mehl mit Backpulver mischen und darüber sieben. Alles unterheben.

2. 2–3 EL Teig in der Form verstreichen. Im Ofen bei 200° (Mitte, Umluft 180°) ca. 8 Min. backen. Den Boden mit dem Papier aus der Form heben und abkühlen lassen. Auf diese Weise noch 4 Böden backen.

3. Für die Füllung die Schokolade in Stücke brechen und mit der Sahne bei geringer Hitze schmelzen lassen. Die Orangenmarmelade erwärmen und durch ein Sieb streichen. Das Marzipan mit Puderzucker und Orangenlikör verkneten. Ein Drittel davon zwischen Frischhaltefolie rund (26 cm Ø) ausrollen. Die restliche Marzipanmasse in Frischhaltefolie wickeln.

4. Den unteren Boden auf eine Tortenplatte legen und mit der Hälfte der Orangenmarmelade bestreichen. 1 Boden auflegen und mit der Hälfte der Schokosahne bestreichen. Darauf den dritten Boden, die Marzipanplatte und den vierten Tortenboden legen. Die Oberfläche mit der restlichen Schokosahne bestreichen. Den letzten Boden auflegen und leicht andrücken.

5. Die Torte mit Frischhaltefolie bedecken, mit einem Brettchen beschweren und 2 Std. kühl stellen.

6. Die restliche Orangenmarmelade erneut leicht erwärmen und die Torte rundum damit bestreichen. Das restliche Marzipan zwischen Frischhaltefolie in Größe der Torte ausrollen und die Torte damit umhüllen. Vor dem Servieren 2 Tage durchziehen lassen.

Deko-Tipps

Zusätzlich 100 g Marzipanrohmasse zwischen Frischhaltefolie ausrollen. Weihnachtliche Motive ausstechen und mit Kakao bestäuben. Die Marzipantorte damit dekorieren.
Einen schönen Effekt erzielen Sie, wenn Sie in die ausgerollte Marzipandecke mit einem feinen Kuchengitter oder einer Garnierrolle ein Muster drücken.

Zubereitung: 1 Std. 15 Min.	Kühlzeit: 2 Std. + 48 Std.
Backzeit: 40 Min.	Pro Stück ca.: 545 kcal

Baumkuchenspitzen

Für 1 Springform von 24 cm Ø
(30 Stück)
6 Eier
1 Prise Salz
250 g weiche Butter
200 g Zucker
2 Päckchen Vanillezucker
1 EL Rum (wer mag)
200 g Mehl
50 g Speisestärke
100 g geschälte gemahlene Mandeln
100 g Aprikosenkonfitüre
Für die Verzierung:
200 g Zartbitterkuvertüre
1 TL Öl
50 g Vollmilchkuvertüre
Backpapier für die Form

Bestes Aroma: 3 Wochen

1. Den Backofen vorheizen. Den Boden der Backform mit Backpapier belegen. Die Eier trennen, die Eiweiße mit Salz steif schlagen. Die Eigelbe mit Butter, Zucker und Vanillezucker schaumig schlagen. Den Rum – wer mag – unterrühren. Das Mehl mit Speisestärke und Mandeln mischen und nach und nach unter die Eigelbmasse rühren. Den Eischnee unterheben.

2. 2 EL Teig auf dem Boden der Form verstreichen. Im Ofen bei 250° (oben, Umluft 220°) ca. 4 Min. backen. Wieder 2 EL Teig darauf streichen und backen. Diesen Vorgang so lange wiederholen, bis der Teig aufgebraucht ist. Den Kuchen leicht abgekühlt aus der Form lösen und auf ein Kuchengitter stürzen. Das Backpapier abziehen.

3. Die Aprikosenkonfitüre erwärmen und durch ein Sieb streichen. Den Kuchen damit überziehen und in 10 Tortenstücke schneiden. Diese jeweils in 3 Dreiecke schneiden.

4. Für die Verzierung die Zartbitterkuvertüre grob hacken und mit Öl im Wasserbad schmelzen lassen. Die Dreiecke vorsichtig mit einer Gabel in die Kuvertüre tauchen und auf einem Kuchengitter trocknen lassen.

5. Die Vollmilchkuvertüre grob hacken und im Wasserbad schmelzen lassen. In einen Gefrierbeutel füllen, ein kleines Loch einstechen und die Baumkuchenspitzen mit feinen Linien verzieren.

Varianten

Die Baumkuchenspitzen mit Zartbitterkuvertüre überziehen. 50 g weiße Kuvertüre schmelzen, in einen Gefrierbeutel füllen, ein kleines Loch einstechen und die Dreiecke damit verzieren.
In den abgekühlten Kuchen mit einem Holzstäbchen kleine Löcher stechen und mit 2 EL Orangenlikör beträufeln. Danach mit erwärmter Orangenmarmelade glasieren und mit geschmolzener Kuvertüre überziehen. Als Torte in 16–20 Stücken servieren.
150 g Marzipanrohmasse mit 75 g Puderzucker verkneten. Zwischen Frischhaltefolie rund (28 cm Ø) ausrollen. Den Kuchen mit leicht erwärmtem Johannisbeergelee bestreichen und mit der Marzipandecke umhüllen. Gut andrücken. Ebenfalls als Torte servieren.

Zubereitung: 2 Std.
Backzeit: 40 Min.
Pro Stück ca.: 210 kcal

Schneetorte

Für 1 Springform von 26 cm Ø (12 Stück)
250 g Spekulatius
125 g weiche Butter
Für die Creme:
6 Blatt Gelatine
3 EL Tannenhonig
250 g Sahne
750 g Magerquark
250 g Mascarpone
150 g Puderzucker
Für die Verzierung:
200 g Sahne
1 Päckchen Vanillezucker
3–4 Baiser (50 g)

Bestes Aroma: 2–3 Tage

1. Die Spekulatius in einen Gefrierbeutel geben und gut verschließen. Die Plätzchen mit dem Nudelholz zerbröseln und mit der Butter verkneten. Den Springformrand auf eine Tortenplatte stellen. Die Spekulatiusmasse gleichmäßig in die Form drücken und 30 Min. kühl stellen.

2. Für die Creme die Gelatine 5–10 Min. einweichen. Den Honig erwärmen, die Gelatine ausdrücken und darin auflösen. Die Sahne steif schlagen. Quark, Mascarpone und Puderzucker cremig rühren.

3. Die aufgelöste Gelatine zunächst mit 3 EL Quarkmasse verrühren, dann unter den restlichen Quark rühren. Die Sahne unterheben. Die Quarkcreme auf dem Spekulatius-Boden verstreichen. Die Torte 3 Std. kühl stellen.

4. Für die Verzierung die Sahne mit Vanillezucker steif schlagen und locker auf der Torte verteilen. Die Baisers zerbröseln und darüber streuen.

Zubereitung: 40 Min.	Kühlzeit: 30 Min. + 3 Std.
	Pro Stück ca.: 520 kcal

Orangen-Tarte

Für 1 Tarteform von 28 cm Ø (12 Stück)
200 g Mehl
75 g Zucker
100 g kalte Butter
1 Ei
Für den Belag:
2 unbehandelte Orangen
1 Limette
1 EL Orangenmarmelade
4 Eier
150 g Puderzucker
1 Päckchen Sahne-Puddingpulver (zum Kochen für 500 ml Milch)
150 g Sahne
Puderzucker zum Bestäuben
Mehl zum Arbeiten
Fett für die Form

Bestes Aroma: 2–3 Tage (gut gekühlt)

1. Den Backofen vorheizen. Die Backform fetten. Das Mehl in eine Schüssel sieben. Mit Zucker, Butter in Flöckchen und Ei rasch zu einem glatten Teig verkneten. Auf bemehlter Arbeitsfläche ausrollen und in die Form legen. Den Teig mit einer Gabel mehrmals einstechen. Im Ofen bei 200° (Mitte, Umluft 180°) 12 Min. backen.

2. Für den Belag die Orangen heiß waschen, trockentupfen und die Schale dünn abreiben. Die Orangen und die Limette auspressen. Den Saft mit Marmelade und der Orangenschale verrühren. Eier, Puderzucker und Puddingpulver schaumig schlagen. Die Orangenmischung nach und nach unterrühren. Die Sahne steif schlagen und unterheben.

3. Die Orangencreme auf den Teig gießen. Im Ofen bei 150° (Mitte, Umluft 130°) ca. 40 Min. backen, bis die Creme fest ist. In der Form ganz auskühlen lassen, dann mit Puderzucker bestäuben.

Tipp

Die Tarte schmeckt auch mit Blutorangen. Unbehandelte Früchte erhalten Sie im Bioladen.

Zubereitung: 40 Min.	
Backzeit: 55 Min.	Pro Stück ca.: 290 kcal

Silvestertorte

Für 1 quadratische Kuchenform von 24 x 24 cm (20 Stück)
150 g Bitterschokolade
200 g weiche Butter
200 g Zucker
6 Eier
200 g Mehl
1 TL Backpulver
2 TL Kakao
200 g gemahlene Haselnüsse
Für Füllung und Verzierung:
300 g Preiselbeeren (aus dem Glas)
200 g Schokoladenglasur (Fertigprodukt)
Puderzucker
Backpapier für die Form

Bestes Aroma: 1 Woche

Tipp

Sie können den Teig auch in einer Springform (26 cm Ø) backen.

1. Den Backofen vorheizen. Den Boden der Backform mit Backpapier belegen. Die Schokolade in Stücke brechen und mit Butter im Wasserbad schmelzen lassen. Herausnehmen und den Zucker unterrühren. Die Eier einzeln einrühren. Mehl, Backpulver und Kakao mischen und mit den Haselnüssen unter den Teig ziehen.

2. Den Teig in die Form füllen. Im Ofen bei 160° (unten, Umluft 140°) ca. 1 Std. backen. Leicht abgekühlt aus der Form lösen, das Papier abziehen und den Kuchen auf einem Kuchengitter auskühlen lassen.

3. Für die Füllung die Preiselbeeren durchrühren. Den Kuchen auf eine Tortenplatte stürzen und einmal quer durchschneiden. Die Preiselbeeren auf dem unteren Boden verteilen. Den zweiten Boden auflegen. Die Schokoladenglasur nach Packungsangaben erwärmen und die Torte damit überziehen. Trocknen lassen.

4. Für die Verzierung kleine Kleeblatt-Schablonen aus festem Karton schneiden. Natürlich können Sie auch andere Glücksbringer als Motiv wählen. Diese auf die Oberfläche der Torte legen und mit Puderzucker bestäuben. Die Schablonen vorsichtig abheben.

Varianten

Die Torte mit rosa Glücksschweinchen dekorieren. Dafür 300 g Marzipanrohmasse mit 150 g Puderzucker verkneten, mit 1 Tropfen roter Speisefarbe färben und kleine Schweinchen formen. Auf die Torte setzen.
Den gebackenen Kuchen mit 2 EL Granatapfelsirup bestreichen. 300 g Sahne mit 1 Päckchen Sahnesteif steif schlagen. 2 EL Granatapfelsirup unterrühren und den Kuchen damit überziehen. Die Torte mit Granatapfelkernen bestreuen.

Zubereitung: 45 Min.
Backzeit: 1 Std.
Pro Stück ca.: 360 kcal

Ergibt ca. 40 Stück
250 g Mehl
1 TL Backpulver
1 Prise Salz
1 Päckchen Vanillezucker
175 g kalte Butter
75 g saure Sahne
Für die Verzierung:
1 Eigelb
2 EL Sahne
100 g Hagelzucker
Mehl zum Arbeiten
Backpapier fürs Blech

Bestes Aroma: 2 Tage

Tipp

Für größere Brezeln schneiden Sie den ausgerollten Teig in Streifen (ca. 1,5 x 25 cm) und schlingen die Streifen zu Brezeln.

Neujahrsbrezeln

1. Das Mehl mit Backpulver mischen und in eine Schüssel sieben. Mit Salz, Vanillezucker, Butter in Flöckchen und saurer Sahne rasch zu einem glatten Teig verkneten. In Frischhaltefolie wickeln und 30 Min. kühl stellen.

2. Den Backofen vorheizen. Die Backbleche mit Backpapier belegen. Den Teig auf bemehlter Arbeitsfläche ca. 5 mm dick ausrollen. Brezeln ausstechen und aufs Blech legen.

3. Für die Verzierung Eigelb und Sahne verquirlen. Die Brezeln damit bestreichen und mit Hagelzucker bestreuen. Im Ofen bei 200° (Mitte, Umluft 180°) ca. 20 Min. backen. Mit dem Papier vom Blech ziehen und abkühlen lassen.

Varianten

Neujahrsgebäck
200 g Mehl mit 180 g eiskalter Butter in Flöckchen, 1 Prise Salz und 2 EL Sahne oder eiskaltem Wasser zu einem glatten Teig verkneten. In Frischhaltefolie wickeln und 1 Std. kühl stellen.
Den Teig auf bemehlter Arbeitsfläche 4 mm dick ausrollen. Kleeblätter, Pilze oder Schweinchen ausstechen und auf ein mit Backpapier belegtes Blech legen. Im Ofen bei 175° (Mitte, Umluft 160°) ca. 15 Min. backen. 50 g Zucker mit 1 Päckchen Vanillezucker und 1 TL Zimt mischen. Die noch heißen Plätzchen darin wenden und abkühlen lassen.

Glückskekse
150 g weiche Butter mit 75 g Zucker, 1 EL Milch und 1 Ei schaumig schlagen. Mit 300 g Mehl rasch zu einem glatten Teig verkneten. Den Teig auf bemehlter Arbeitsfläche 2–3 mm dick ausrollen und Kreise (5–6 cm Ø) ausstechen. Kleine Briefchen mit Weissagungen für das kommende Jahr in die Mitte legen. Den Rand mit Eiweiß bestreichen, die Plätzchen zusammenklappen und den Rand fest andrücken. Im Ofen bei 175° (Mitte, Umluft 160°) 10–12 Min. backen.

Zubereitung: 20 Min.	Kühlzeit: 30 Min.
Backzeit: 20 Min.	Pro Stück ca.: 70 kcal

Tipps und Tricks

Know-how für die Weihnachtsbackstube

Damit die Plätzchen auch garantiert gelingen, empfehlen wir beim Nachbacken der Rezepte, die angegebenen Mengen der einzelnen Zutaten sowie Backzeiten und -temperaturen genau einzuhalten. Lesen Sie sich die Rezepte vor dem Backen genau durch und überprüfen Sie, ob auch alle Zutaten vorrätig sind. Stellen Sie sich am besten schon vor Beginn der Zubereitung alle Backzutaten und auch die Küchenhelfer bereit.

Was nicht im Rezept steht

Eier werden in verschiedenen Gewichtsklassen angeboten. Für die Rezepte in diesem Buch sind Eier der Klasse M optimal.

Besonders fein werden die Teige, wenn Sie für die Zubereitung der Plätzchen feinsten Zucker von bester Qualität verwenden.

Verwenden Sie Weizenmehl Type 405 oder 1050, wenn nicht anders angegeben.

Für das gute Gelingen Ihrer Weihnachtsbäckerei sind Zeit, beste Zutaten und edle Gewürze die wichtigste Voraussetzung. Achten Sie besonders bei Backzutaten wie Nüsse, Mandeln, Marzipan, Orangeat, Zitronat, Gewürze und Eier auf die Frische der Zutaten.

Für Feinschmecker ist bei jeder Plätzchensorte angegeben, über welchen Zeitraum nach dem Backtag sie besonders aromatisch schmeckt. Aber natürlich sind die Plätzchen darüber hinaus noch lange haltbar und behalten ihren charakteristischen Geschmack.

Geling-Tipps fürs Plätzchenbacken

Plätzchenteige kühl stellen
Viele Teige müssen eine Weile kühl stehen, bevor sie weiterverarbeitet werden können. Betrachten Sie die angegebenen Kühlzeiten als Mindestkühlzeit. Die Teige kann man auch länger – zum Beispiel über Nacht – kühlen. Butterhaltige Teige lassen sich auch sehr gut einfrieren: Den Teig in einen Gefrierbeutel geben, etwas flach drücken und einfrieren – allerdings maximal 4–6 Wochen. Bei Bedarf bei Zimmertemperatur auftauen lassen und verarbeiten wie im Rezept beschrieben.

Teige ausrollen
Den Plätzchenteig immer ganz gleichmäßig ausrollen und formen. Wenn die Plätzchen unterschiedlich dick sind, kann es passieren, dass die einen zu dunkel backen, während die anderen nicht ganz durchbacken.

Plätzchen ausstechen
Beim Ausstechen die Backförmchen zwischendurch immer wieder in Mehl oder Puderzucker tauchen. So klebt der Teig nicht an den Förmchen fest, Sie können die Plätzchen exakt und mit sauberen Konturen ausstechen.

Backtemperaturen und Backzeiten
Jeder Herd bäckt etwas anders, unter anderem, weil die Backöfen mit unterschiedlichen Heizsystemen ausgerüstet sind. Daher kann die Backzeit der Plätzchen leicht variieren. Anders als beim Kuchenbacken ist es schwierig, bei Plätzchen eine Garprobe durchzuführen – manche Plätzchen trocknen und härten erst nach, wenn sie aus dem Ofen kommen. Unser Tipp: Backen Sie einige Probeplätzchen, wenn Sie ein Rezept erstmals ausprobieren, um festzustellen, ob die angegebene Backzeit stimmt.
Auch ganz wichtig für das Gelingen des Gebäcks ist, dass Sie die jeweiligen Einschubhöhen beachten.

Geöffnete Backofentür
Aufgrund der kurzen Backzeiten sollte der Backofen immer erst zum Ende der Backzeit geöffnet werden. Manche Plätzchen müssen allerdings bei leicht geöffneter Backofentür backen beziehungsweise trocknen, zum Beispiel Eiweißgebäck. Klemmen Sie dazu den Stiel eines Kochlöffels in die Backofentür, relativ weit oben, sodass die Tür nur einen Spalt geöffnet ist. Aber Achtung: Beim Backen mit Heißluft/Umluft, darf die Tür nicht geöffnet sein.

Toller Tannenbaumschmuck – Springerle

Ein Backblech dünn fetten. 2 Eier mit 250 g Puderzucker dickschaumig schlagen. 250 g Mehl und 1 TL Anispulver unterziehen, alles rasch zu einem glatten Teig verkneten. Den Teig auf bemehlter Arbeitsfläche 1 cm dick ausrollen. Die Oberfläche der Teigplatte mit Mehl bestäuben und die Holz-Model für Springerle in den Teig drücken und ausschneiden. Die Springerle auf das Backblech legen, jeweils ein Loch für das Band einstechen. Über Nacht bei Raumtemperatur trocknen lassen. Am nächsten Tag die Springerle im Ofen bei 150° (unten, keine Umluft) 25–30 Min. backen. Dabei in die obere Ofenschiene ein leeres Backblech schieben, damit die Springerle schön weiß bleiben. Nach dem Backen abkühlen lassen und bunte Bänder durchziehen.

Plätzchen dekorieren und verzieren

Schokolade & Kuvertüre
Im Wasserbad schmelzen
Einen Topf zur Hälfte mit Wasser füllen und erhitzen, aber nicht kochen lassen. Eine passende Schüssel, am besten aus Edelstahl oder Porzellan, in den Topf hängen – sie sollte den Boden nicht berühren. Die Schokolade grob hacken und mit 1 TL Öl oder Kokosfett im Wasserbad schmelzen lassen. Das Fett verleiht der Glasur einen schönen Glanz.

In Sahne oder Milch schmelzen
Sahne oder Milch in einen Topf geben und leicht erwärmen, aber nicht köcheln lassen. Die Schokolade oder Kuvertüre grob hacken und bei geringer Hitze unter Rühren in der Sahne oder Milch schmelzen lassen.

Fettglasuren
Kakaohaltige Fettglasuren gibt es in den Sorten Zartbitter und Vollmilch. Sie können ohne Umstände direkt verwendet werden, sind aber im Geschmack nicht so fein wie Kuvertüre. Tipp: Sie können Fettglasuren sehr gut mit Kuvertüre mischen. Dafür 50 g Fettglasur mit 100 g Kuvertüre im Wasserbad schmelzen und das Gebäck damit überziehen. So erhält man einen aromatischen, schön glänzenden Guss.

Schokoladenüberzug
Geschmolzene Kuvertüre in die Mitte der Plätzchen geben und sofort gleichmäßig mit dem Löffelrücken glatt streichen.
Oder die Oberfläche der Plätzchen kurz in die Schokolade tauchen und das Gebäck anschließend auf einem Kuchengitter trocknen lassen.
Wenn Sie die Schokoladenglasur mit dem Pinsel auftragen, müssen Sie zügig arbeiten, damit die Glasur nicht stumpf und streifig wird.

Schokoladenglasur – Reste
Wenn von der Schokoladenglasur etwas übrig bleibt, füllen Sie diesen Rest in ein hitzebeständiges Schraubglas (Weckglas) und lassen Sie die Schokolade abkühlen. Das Glas gut verschließen und im Vorratsschrank aufbewahren. Die Glasur bei Bedarf erneut im Wasserbad erwärmen.

Noch mehr Ideen

Eigelb & Eiweiß – Reste
Gerade in der Weihnachtsbäckerei bleibt oft mal ein Eiweiß oder ein Eigelb übrig. Manchmal kann man diese Reste sofort weiterverwenden, auch wenn dies gar nicht im Rezept steht. Sie können Eigelb zum Beispiel zum Bestreichen von ungebackenem Plätzchenteig verwenden, um den Plätzchen einen schönen Glanz zu verleihen. Eiweißreste steif schlagen und je Eiweiß etwa 250 g Puderzucker unter Rühren einrieseln lassen – schon erhalten Sie einen prima Zuckerguss zur Dekoration.
Eiweißreste, die Sie nicht verwenden können, können Sie in einem Schraubglas im Kühlschrank 2–3 Tage aufbewahren. **Rezeptidee:** 2 Eiweiße steif schlagen, 100 g Zucker nach und nach einrieseln lassen. 2 EL klein gewürfelten kandierten Ingwer und 150 g geröstete Mandelstifte unterheben. Kleine Teighäufchen auf ein mit Backpapier belegtes Blech setzen und im Ofen bei 120° (Mitte, keine Umluft) etwa 20 Min. backen.
Wenn Sie Eigelbe in eine Tasse füllen, mit 1 EL Wasser bedecken und mit Klarsichtfolie abdecken, halten sie sich im Kühlschrank 1–2 Tage. **Rezeptidee:** 150 g Butter mit 75 g Puderzucker, 1 TL Anispulver und 2 Eigelben schaumig schlagen. 225 g Mehl unterkneten. Den Teig auf bemehlter Arbeitsfläche ausrollen, beliebige Plätzchen ausstechen und im Ofen bei 175° (Mitte, Umluft 150°) goldbraun backen.

Spritzkunst aus der Tüte
Verzierungen aus Zuckerglasur oder Schokolade können Sie mit Hilfe eines kleinen Spritzbeutels ganz schnell auftragen: Die Glasur in einen Gefrierbeutel füllen, an einer Ecke ein kleines Loch einstechen und die Glasur auf das Gebäck spritzen.

Plätzchen richtig aufbewahren
Bevor Sie die Plätzchen zur Aufbewahrung in Blechdosen, Gläser oder Cellophantüten verpacken, müssen sie sehr gut auskühlen. Mischen Sie die Sorten nicht, sondern bewahren Sie jede Sorte in einer eigenen Dose auf – am besten an einem kühlen und trockenen Ort. Bei glasierten und verzierten Plätzchen muss die Dekoration gut trocknen. Am besten schichten Sie diese Plätzchen sorgfältig übereinander und trennen die Lagen mit Butterbrotpapier.
Damit Kleingebäck aus Honigkuchen-, Pfeffernuss- oder Lebkuchenteigen schön saftig bleibt, wickeln Sie ein Stück Apfel in Butterbrotpapier und legen es mit in die Dose. Das Apfelstückchen wöchentlich austauschen. Konfekt und Pralinen am besten ebenfalls in Gläser oder Porzellangefäße schichten und kühl aufbewahren.

Back- und Küchenhelfer

Diese Utensilien sollten in der Backstube nicht fehlen.

- Rührschüssel und Becher
- Handrührgerät
- Schneebesen
- Teigschaber, Rührlöffel
- Ess- und Teelöffel zum Abmessen von kleinen Mengen
- Messbecher – am besten durchsichtig mit Maßangaben
- Küchenwaage (von 5 g bis 1 kg)
- Mehlsieb und ein kleines Haarsieb zum Durchsieben von Puderzucker und Kakao
- Nudelholz aus Holz oder Porzellan
- Küchenreibe oder Zestenreißer
- Mandelmühle für Nüsse und Schokolade
- Zitruspresse
- Backbrett aus Hartholz oder Kunststoff
- Ausstechformen aus Metall oder Plastik
- Teigrädchen mit glattem und gewelltem Rand
- Backpinsel zum Glasieren – am besten mit Naturborsten
- 2 Backbleche, damit man zügig backen kann
- Kurzzeitwecker
- Spritzbeutel oder Gebäckspritze mit Tüllen verschiedener Größen und Formen
- Schüssel aus Metall oder Porzellan mit passendem Topf für das Wasserbad
- Backtrennpapier – besonders praktisch ist wieder verwendbares Backpapier.
- Alufolie, Frischhaltefolie und Butterbrotpapier
- Gebäckdosen und Gläser zum Aufbewahren

Schnelle Pralinen & Konfekt

Amaretti-Kugeln (ca. 20 Stück)
200 g Zartbitterschokolade in Stücke brechen, mit 50 g Sahne unter Rühren schmelzen lassen. 100 g Amaretti (Mandelplätzchen) in einen Gefrierbeutel geben und fein zerbröseln. Mit der geschmolzenen Schokolade verrühren, 1 Std. kühl stellen, ab und zu umrühren. Ein Backblech mit Backpapier belegen. 1 TL Kakao und 2 EL Puderzucker mischen. Aus der Schokoladenmasse ca. 20 kleine Kugeln formen, im Kakaozucker wälzen, aufs Backpapier setzen und kühl stellen. Die Amaretti-Kugeln kühl aufbewahren.

Ananas-Konfekt (ca. 25 Stück)
100 g Mandelsplitter und 1 EL Puderzucker in einer beschichteten Pfanne rösten. Abkühlen lassen. 60 g kandierte Ananas und 3 Ingwerpflaumen (ersatzweise noch 40 g kandierte Ananas) klein würfeln. 200 g weiße Schokolade in Stücke brechen und mit 10 g Kokosfett im warmen Wasserbad schmelzen. Mit Mandelsplittern und gewürfelten Früchte gut mischen. Ein Blech mit Backpapier belegen. Mit 2 Teelöffeln kleine Häufchen von der Fruchtmasse abnehmen und aufs Blech setzen. 3 Std. kühl stellen.
(Abbildung Seite 135)

Aprikosenkugeln (ca. 30 Stück)
350 g getrocknete Aprikosen sehr fein würfeln oder pürieren und mit 3 EL Orangenmarmelade verrühren. 250 g Marzipanrohmasse zwischen zwei Lagen Frischhaltefolie dünn ausrollen. Die Aprikosen damit bedecken, zugedeckt 2 Std. kühl stellen. Aprikosen, Marzipan und 100 g Puderzucker zu einer glatten Masse verkneten. Schale von 2 unbehandelten Orangen abreiben, mit 150 g Zucker mischen. Aus der Aprikosenmasse ca. 30 kleine Kugeln formen, im Orangenzucker wälzen. Über Nacht trocknen lassen.

Knusper-Cookies (ca. 25 Stück)
200 g Zartbitterschokolade grob hacken. 50 g Butter mit 20 g Kokosfett bei schwacher Hitze schmelzen. 1 Päckchen Vanillezucker und die Schokolade darin unter Rühren schmelzen lassen, vom Herd nehmen. 100 g Cornflakes leicht zerdrücken und unterziehen, bis die Cornflakes ganz mit Schokolade umhüllt sind. Ein Blech mit Backpapier belegen. Mit 2 Teelöffeln kleine Häufchen aufs Blech setzen und 3 Std. kühl stellen (nicht im Kühlschrank). In gut schließenden Dosen kühl aufbewahren.
(Abbildung Seite 138)

Marzipankartoffeln (ca. 25 Stück)
250 g Marzipanrohmasse in Stücke schneiden. Mit 150 g Puderzucker und 2 TL Rosenwasser oder Orangensaft zu einer glatten Masse verkneten. Daraus ca. 25 kleine Kugeln formen und in Kakao wälzen. Die Marzipankartoffeln in einem gut verschließbaren Schraubglas kühl aufbewahren. So schmecken sie 4 Wochen wie frisch zubereitet.

Kokosbällchen (ca. 30 Stück)
Saft und Schale von 1 unbehandelten Limette mit 50 g weicher Butter und 100 g Puderzucker cremig rühren. 100 g Kokosraspel unterrühren, 20 Min. kühl stellen. Mit kühlen Händen ca. 30 kleine Bällchen formen und in 50 g Kokosraspel wälzen. Die Kokosbällchen kühl aufbewahren.

Hexenhäuschen

Aus festem Karton Schablonen schneiden: 4 Platten à 16 x 14 cm für Dachschrägen und Giebel. Und 2 Streifen à 12 x 5 cm für die Seitenwände. Die beiden Giebelplatten ab einer Höhe von 5 cm so abschrägen, dass die beiden Schrägen oben in der Mitte spitz zusammenlaufen.

Aus dem warmen Lebkuchenteig sofort nach dem Backen mit Hilfe der Schablonen die Bauteile des Hexenhäuschens und eine Bodenplatte (mindestens 20 x 20 cm) ausschneiden. Wer mag, kann aus dem Giebel für die Vorderseite auch noch Tür und Fenster ausschneiden. Nicht zu groß, sonst leidet die Stabilität.

Die Lebkuchen-Teile auf einem Kuchengitter auskühlen lassen. Währenddessen das Eiweiß steif schlagen und mit Puderzucker zu einem dicken, festen Guss verrühren.

Die Seitenwände und die Giebelwände auf der Bodenplatte mit dem Guss zusammensetzen. Zur Stabilisierung können Kartonstreifen (ca. 3 x 10 cm, dicker Karton) dienen: Die Streifen in der Mitte knicken, sodass Winkel in L-Form entstehen. Jeweils von innen mit Puderzucker an Bodenplatte und Bauteil »festkleben«.

Die Dachplatten mit Zuckerguss bemalen und nach Wunsch verzieren. Zum Beispiel ganz schlicht nur abgezogene Mandeln als Dachziegeln aufkleben. Wer besonders geschickt ist, kann aus 4 kleinen Lebkuchenplatten und Zuckerguss einen Kamin bauen und diesen später aufs Dach kleben.

Das Fundament gut trocknen lassen, bevor das Dach aufgesetzt wird. Die Dachschrägen mit Guss auf die Giebel setzen und – vorsichtig – fest andrücken. Das Hexenhäuschen, Türstock und Fensterrahmen, mit Zuckerguss verzieren. Die Tür wie leicht geöffnet ankleben. Nach Wunsch die ausgestochenen Lebkuchenfiguren mit Zuckerguss auf der Bodenplatte rund ums Haus befestigen. Gut trocknen lassen.

Weihnachtliche Gewürze

Anis
Getrocknete Samen eines Doldengewächses mit intensivem, süßlich-herbem Geschmack. Wird ganz, zerdrückt oder gemahlen verwendet.

Honig
Kommt vor allem bei der Zubereitung von Leb- und Honigkuchenteigen zum Einsatz und prägt entscheidend deren Geschmack. Er sollte nicht stark erhitzt werden, damit er sein typisches Aroma nicht verliert.

Ingwer
Wurzel einer tropischen Schilfpflanze mit würzig-scharfem Aroma. Ingwer wird frisch, kandiert, in Sirup eingelegt oder getrocknet und zu Pulver vermahlen angeboten. Bei den Rezepten in diesem Buch werden vorwiegend kandierter Ingwer und gemahlener Ingwer verwendet. Beide Zutaten sind in gut sortierten Lebensmittelgeschäften erhältlich.

Kardamom
Schmeckt exotisch würzig. Die Samen müssen vor Verwendung aus den Kapseln gelöst werden. Wird auch als Pulver angeboten.

Koriander
Pfefferkornähnliche Früchte einer Doldenpflanze mit süßlich-würzigem Aroma. Gemahlener Koriander ist ein beliebtes Lebkuchengewürz in der Weihnachtsbäckerei.

Lebkuchengewürz
Eine spezielle Gewürzmischung aus Anis, Piment, Sternanis, Nelken, Kardamom, Muskatnuss und Macis, Zimt und Vanille. Sie können es auch selbst herstellen. Mischen Sie 1/2 TL Zimt mit 1/4 TL Nelkenpulver, je 1 Prise Muskat und Muskatblüte (Macis), 1 Prise Piment und dem ausgekratzten Mark 1/2 Vanilleschote.

Muskatnuss und Muskatblüte
Die Muskatnuss riecht anregend und aromatisch. Reiben Sie sie bei Bedarf immer frisch. Muskatblüte (Macis) ist feiner im Aroma und veredelt Gewürz- und Früchtekuchen. Nur sparsam verwenden.

Nelken
Getrocknete Blütenknospen des tropischen Nelkenbaumes. Gemahlene Nelken verleihen Gewürzkuchen und Lebkuchen ihr typisches Aroma. Nur sparsam verwenden, das Aroma ist sehr intensiv.

Orangenzucker und Zitronenzucker
Orangen- und Zitronenzucker ist inzwischen in jedem Backwarenregal zu finden. Sie können ihn aber auch selbst herstellen: Die Schale von 2 unbehandelten Orangen oder Zitronen mit 100 g feinstem Zucker in einem Schraubglas gut mische. Dieses fest verschließen und den Zucker 2–3 Tage im Kühlschrank durchziehen lassen. Der aromatisierte Zucker hält sich im Kühlschrank mehrere Wochen.

Piment
Getrocknete Steinfrüchte des tropischen Myrtenbaumes, auch Nelkenpfeffer genannt. In der Weihnachtsbäckerei wird gerne gemahlener Piment mit dem zarten Duft von Nelken, Zimt und Pfeffer kombiniert.

Rohrzucker und Farinzucker
Ein brauner, etwas körnigerer Zucker mit zartem Karamellaroma, der nicht ganz so intensiv süßt wie weißer Zucker. Wird gerne für Lebkuchen, Honigkuchen oder anderes dunkles Weihnachtsgebäck und Kuchen verwendet.

Rosenwasser
Destillat aus Rosenblütenbättern. Mit der zart duftenden Flüssigkeit werden Marzipan, Gebäck und Konfekt aus dem Mittleren Osten aromatisiert. Rosenwasser ist in Apotheken erhältlich. Es entfaltet nur frisch sein unvergleichliches Aroma.

Safran
Safranfäden werden im Mörser zerrieben, Safranpulver wird in warmer Flüssigkeit aufgelöst. Das teure Gewürz verleiht Gebäck eine zartgelbe Farbe. Sparsam verwenden.

Sternanis
Sternförmige, dekorative Frucht des Magnolienbaumes mit sehr feinem Aroma. Gemahlen kann man es ideal für die Weihnachtsbäckerei verwenden, im Ganzen auch zum Würzen von Bowlen, Kompott oder asiatischen Gerichten.

Vanille
Längliche Fruchtschoten einer tropischen Orchideenart mit feinem süßlichen Geschmack. Ganze Schoten werden in Glasröhrchen angeboten: Die Schoten längs aufschlitzen und das Fruchtmark herauskratzen.

Zimt
Von der Borke befreite Innenrinde des Zimtbaumes. Die Zimtstangen riechen sehr intensiv. Gemahlener Zimt ist ein beliebtes Würzmittel für Kompott, Süßspeisen, Kuchen und Weihnachtsgebäck.

Damit Sie Rezepte mit bestimmten Zutaten noch schneller finden, stehen in diesem Register zusätzlich auch beliebte Zutaten wie Honig, Kokosflocken oder Marzipan – ebenfalls alphabetisch geordnet und halbfett gedruckt – über den entsprechenden Rezepten.

Rezeptregister von A–Z

Register nach Kapiteln

Klassiker & Meisterstückchen

Beliebte Plätzchen aus anderen Ländern

Lebkuchen & Stollen

Last-Minute-Plätzchen & Weihnachtskuchen

DAS NEUE BACKVERGNÜGEN

Verführerisch, unkompliziert und einfach gut.

ISBN 3-7742-6496-1

ISBN 3-7742-6073-7

ISBN 3-7742-6074-5

ISBN 3-7742-6495-3

ISBN 3-7742-6497-X

144 Seiten, 14,90 € [D]

Die Reihe für unkomplizierten Backspaß – für alle, die sich und ihre Gäste gerne mit immer neuen Ideen aus der Backstube verwöhnen.

GU

Gutgemacht. Gutgelaunt.

Impressum

Programmleitung: Doris Birk
Leitende Redakteurin: Birgit Rademacker
Redaktion: Anne Taeschner
Lektorat: Petra Teetz
Korrektorat: Mischa Gallé
Umschlaggestaltung: Independent Medien Design
Fotografie: Fotos mitgeschmack, Alling bei München
Foodstyling: Julia Skowronek
Produktion: Susanne Mühldorfer
Satz: Johannes Kojer, München
Reproduktion: Fotolito Longo, München
Druck: Appl, Wemding
Bindung: Conzella, Pfarrkirchen

ISBN 3-7742-6497-X

Auflage	4.	3.	2.	1.
Jahr	2007	06	05	04

Christa Schmedes
Christa Schmedes ist eine Meisterin süßer Genüsse und man schmeckt sofort, dass Backen eine ihrer großen Leidenschaften ist. Mit wenigen Zutaten kreiert sie immer wieder neue, leckere und dabei doch ganz einfache Rezepte. Deshalb wird sie als freie Mitarbeiterin namhafter Food-Zeitschriften und als Buch-Autorin sehr geschätzt, ihre Rezeptideen sind seit mehr als 15 Jahren nachgefragt. Zudem hat sie ein gutes Gespür für schöne Arrangements, das sie als Food-Stylistin in bekannten Fotostudios immer wieder gerne unter Beweis stellt.

Fotos mitgeschmack
Food Fotografie
Ulrike Schmid und Sabine Mader leben mit Ihren Familien mitten im »Fünf Seen-Land«, zwischen Starnberger See und Ammersee. Hier finden sie in ihrem Tages-licht-Studio die nötige Inspiration für ihre anspruchsvolle, gemeinsame Arbeit. Ihre große Liebe zu gutem Essen und stimmungsvollem Ambiente prägen das Wirken der beiden Fotografinnen. Und wenn es das Wetter und der Auftrag zulassen, fotografieren sie auch gerne unter freiem Himmel.

Ihr GRÄFE UND UNZER VERLAG
Redaktion Kochen & Verwöhnen
Postfach 86 03 25
81630 München
Fax: 0 89/4 19 81 - 113
leserservice@graefe-und-unzer.de

GRÄFE UND UNZER
Ein Unternehmen der
GANSKE VERLAGSGRUPPE